bons
GRAS
mauvais
GRAS

Louise Lambert-Lagacé
et Michelle Laflamme,
diététistes

bons
GRAS
mauvais
GRAS

*Une question
de santé*

REMERCIEMENTS

Plusieurs personnes nous ont aidées à réaliser cet ouvrage.

En 1989, une centaine de nos patients ont participé à un sondage et ont fourni par leurs réponses une première orientation au contenu du livre.

Dès le printemps 1992, Josée Thibodeau, diététiste et notre assistante en recherche, a travaillé avec nous à l'élaboration du manuscrit. À l'été 1992, Monik St-Pierre, et à l'automne 1992, Isabelle Gohier, toutes deux étudiantes en diététique, ont travaillé activement à la recherche bibliographique et à la cueillette de données.

Nous ont apporté une précieuse collaboration dans nos analyses d'huile pressée à froid, les professeurs Victor Gavino et Guylaine Ferland du département de nutrition de l'Université de Montréal, Stan Kubow de l'Université McGill et Mohsen Meydani de l'Université Tufts à Boston. Ont également collaboré à cette étude, messieurs Bernard Stier de la maison Orphée de Québec et Jim Dick de Canamara Food de Saskatchewan.

Louise Desaulniers, notre associée, a revu et habilement critiqué le manuscrit. D'autres lecteurs sollicités, comme Monique Morency et Claude Landry, ont soumis d'utiles commentaires.

Nos compagnons de vie, Guy Bourgeault et Maurice Lagacé, ont mis la main aux tableaux, au texte et aux graphiques... Ils ont également respecté les horaires de fin de semaine des auteures.

Isabelle Vachon a gentiment illustré les différents acides gras.

Chez Sogides, l'équipe de production, sous la direction de Linda Nantel, a fait un superbe travail de révision et de mise en pages. Nous remercions particulièrement Sylvie Massariol et Sylvie Tremblay.

À tous ces collaborateurs et collaboratrices, nous disons chaleureusement merci!

INTRODUCTION

Oui, il se glisse du mauvais gras dans nos assiettes, et il est grand temps de le détecter! Notre santé en dépend.

Oui, la phobie du cholestérol a pris des proportions exagérées, mais la recherche des *bons* gras tarde à venir: margarine oblige...

Et pendant ce temps, les vinaigrettes sans gras, les croissants sans cholestérol, les fromages allégés se multiplient dans un brouhaha de messages contradictoires.

Après tout, faut-il reprendre du beurre alors que la margarine occupe présentement le banc des accusés? Faut-il acheter une huile dite sans cholestérol ou une huile pressée à froid? Que faut-il penser des aliments dont l'emballage porte la mention «sans gras» ou encore des nouveaux *faux* gras qui se camouflent dans les crèmes glacées d'ici et les fromages des États-Unis? Enfin, faut-il arroser nos repas de vin rouge pour joindre les Français, qui semblent mieux tolérer que nous les surdoses de gras?

Chose certaine, les questions fusent de toutes parts, la confusion règne et l'excès de mauvais gras continue de faire ses ravages dans nos cellules.

Pas surprenant que nous voulions écrire un livre pour y apporter quelques éclaircissements! Sans avoir le mot de la fin, nous admettons avoir changé de cap au cours des années et croyons être sur la bonne piste.

Louise: «À l'époque du livre *Menu de santé*, publié en 1977, j'ai vertement critiqué la surconsommation de viande et de gras, mais j'étais prohuile de maïs et promargarine... L'utilisation de l'huile de maïs (une huile polyinsaturée) pour réduire le cholestérol constituait la découverte des années soixante, les méfaits de l'hydrogénation des huiles étaient alors méconnus du monde scientifique. Le dossier a beaucoup évolué au cours des années quatre-vingt. Pour être en cohérence avec ces nouvelles recherches et avec mes nouvelles convictions, j'ai demandé aux Éditions de l'Homme de ne plus imprimer ce titre, ce qui fut fait dès l'année 1988. Depuis ce temps, je travaille avec mon associée, Michelle Laflamme, à façonner le présent ouvrage.»

Michelle: «J'ai toujours rêvé de tout savoir sur tout! Le sujet proposé par Louise arrivait à point: je voulais en savoir plus long sur les maladies cardiovasculaires qui ont emporté mon père et ma mère. Je voulais approfondir mes connaissances sur les liens qui existent entre ces problèmes de santé et l'alimentation. Le cholestérol étant au banc des accusés, je voulais saisir précisément pourquoi. Pas de recherche sur le cholestérol sans tenir compte des autres graisses alimentaires; pas de recherche sur les graisses alimentaires sans étudier les liens qu'elles entretiennent avec le cancer, les maladies auto-immunes, le poids. J'ai beaucoup appris; je suis allée de surprise en surprise, mais bien des questions demeurent encore sans réponse.»

Par cet ouvrage, nous voulons partager nos réflexions sur le sujet, nos quatre années de recherches dans la littérature scientifique, les résultats d'une série d'analyses de laboratoire que nous avons fait faire sur les huiles pressées à froid et des données récentes sur les aliments vendus dans nos épiceries.

Nous voulons surtout vous fournir des outils pour résister aux faux messages, pour comprendre la différence entre le cholestérol du sang et celui des aliments, pour mieux choisir votre prochaine bouteille d'huile.

Nous avons décodé pour vous le jargon des différents gras et des nouvelles étiquettes afin que vous soyez plus à l'aise avec les termes *saturé, monoinsaturé, polyinsaturé, hydrogéné.*

Nous souhaitons vous aider à faire de meilleurs choix de gras, à cuisiner en harmonie avec vos besoins, à réduire votre consommation de matières grasses au restaurant ou à la maison.

Au-delà des controverses et des recherches, vous découvrirez une nouvelle règle d'or, conçue autour d'une gamme d'aliments frais ou peu transformés fournissant chaque jour la dose requise de *bons* gras.

Il n'est pas nécessaire de «faire du cholestérol» pour s'intéresser aux *bons* gras et aux *mauvais* gras. C'est une question de santé!

CHAPITRE PREMIER

Pour le meilleur...

Les experts en nutrition critiquent avec raison notre consommation excessive de matières grasses, mais ils soulignent rarement l'importance de certains gras pour le maintien de la santé. Il en faut peu, mais il en faut! Regardons ce que le gras nous apporte d'utile avant de critiquer ses méfaits.

Le rôle des gras en général

Tout le monde sait que non seulement les graisses alimentaires donnent du goût aux aliments, mais aussi qu'elles sont une source importante d'énergie. Sait-on qu'elles fournissent plus de calories que tout autre élément nutritif? Eh bien oui! une cuillerée à soupe d'huile fournit 124 calories alors qu'une cuillerée à soupe de sucre n'en donne que 50. Chaque fois que nous mangeons un gramme de gras, nous avalons 9 calories; chaque fois que nous mangeons la même quantité de sucre, nous en avalons 4. Une tranche de pain de blé entier renferme peu de gras et ne fournit que 61 calories tandis qu'une cuillerée à soupe de beurre renferme 11 g de gras et 100 calories. Les grammes de gras pèsent donc lourd sur la balance, ce qui ne veut pas dire qu'il faille éviter toute trace de gras.

Les graisses alimentaires servent aussi de moyen de transport pour les vitamines A, D, E et K; sans un minimum de gras dans l'assiette, ces vitamines seraient tout simplement inefficaces dans l'organisme.

Mais parmi toutes les matières grasses contenues dans les aliments, il y en a seulement deux dont le corps humain ne puisse se passer, car il ne peut les fabriquer lui-même. Ce sont l'*acide linoléique* et l'*acide alpha-linolénique,* dits *acides gras essentiels.* Pendant plusieurs années, ils ont porté le nom de vitamine F, et c'est encore de cette façon qu'ils sont identifiés dans certains ouvrages bien connus, dont ceux du Dr Kousmine.

Le rôle des acides gras essentiels

L'acide linoléique et l'acide alpha-linolénique sont les grands précurseurs d'une série de messagers chimiques qu'on appelle les *prostaglandines.* Celles-ci agissent rapidement à des endroits bien précis du corps et permettent un fonctionnement harmonieux des systèmes circulatoire, immunitaire, anti-inflammatoire, épithélial, entre autres. Sans un bon dosage de ces deux acides gras essentiels, la production de leurs dérivés, les prostaglandines, s'embrouille, provoquant ainsi de multiples problèmes.

Les acides gras essentiels maintiennent également l'intégrité de toutes les cellules de notre corps. Ils s'assurent que chaque cellule est bien enveloppée d'une mince pellicule de gras qui protège le contenu intérieur et permet les bons échanges avec l'extérieur, qu'il s'agisse d'une cellule nerveuse, d'une cellule du foie ou de la peau.

Les spécialistes de la nutrition ont découvert peu à peu l'action de ces deux acides gras essentiels à partir de la fin des années vingt. Ayant fourni différentes diètes sans gras essentiels à des animaux de laboratoire, les chercheurs ont observé l'apparition de plusieurs symptômes dont des retards de croissance, de l'eczéma, une diminution de la fertilité, une diminution de l'acuité visuelle.

Au début des années soixante, d'autres chercheurs ont constaté qu'un bébé nourri par voie intraveineuse manifestait de très graves problèmes de peau après quelques semaines. Les tests de laboratoire ont tout de suite révélé que le sérum de ce bébé ne contenait presque pas d'acide linoléique. En regardant de plus près l'alimentation du nourrisson, les chercheurs ont noté que la formule alimentaire mise au point pour les bébés qu'on ne pouvait alimenter par la bouche ne contenait pas de matières grasses, donc pas d'acides gras essentiels.

À cette époque, les experts croyaient que l'acide linoléique était le seul gras essentiel chez les humains. Ils savaient qu'un second acide gras, nommé *acide alpha-linolénique*, était indispensable au développement du cerveau et de la rétine de l'œil chez plusieurs espèces animales, et qu'il assurait la survie du saumon, de la truite et de certains insectes. Toutefois, ils ignoraient les possibilités de déficience chez les humains.

Puis, au début des années quatre-vingt, on remarqua une déficience chez une fillette de six ans nourrie par voie intraveineuse durant cinq mois. Sans aucune autre explication, la fillette souffrait d'une extrême faiblesse, d'engourdissements, d'une incapacité de marcher, d'une vision embrouillée. Le chercheur américain Holman et ses collaborateurs analysèrent la formule alimentaire et découvrirent que celle-ci manquait d'*acide alpha-linolénique*. Après qu'ils eurent ajouté ce deuxième acide gras essentiel à la formule, les symptômes de la fillette disparurent très rapidement.

Dès sa conception, le fœtus a besoin d'acides gras essentiels. C'est l'alimentation maternelle qui influence la quantité et la qualité des gras que le fœtus reçoit à travers les globules rouges du placenta. Des études rapportent même que des mères ayant donné naissance à des bébés de faible poids consommaient moins d'acides gras essentiels (5,5 g par rapport à 12 g par jour) que les mères des nouveau-nés qui pesaient plus de 2500 g à la naissance. Une déficience en acides gras essentiels semble nuire au développement du placenta et, par conséquent, à la croissance du fœtus, au développement de son cerveau et de son système nerveux.

Le bébé naissant a lui aussi besoin d'une certaine quantité d'acides gras essentiels pour croître normalement. Durant les premiers douze mois de la vie de l'enfant, le cerveau se développe à un rythme très accéléré et la matière solide des cellules du cerveau est composée à 60 % d'acides gras essentiels. Comme la nature fait bien les choses, le lait maternel contient sept fois plus d'acides gras essentiels que le lait de vache.

Ceux qui peuvent manquer d'acides gras essentiels

L'enfant qui grandit a besoin d'acides gras essentiels pour la croissance de tous ses tissus. Même s'il est un peu rondouillet, il n'y a pas lieu d'éliminer tout le gras de son menu; les enfants soumis à de telles restrictions risquent de voir leur croissance perturbée et leur puberté retardée.

Le manque d'acides gras essentiels peut également toucher les femmes qui veulent rester minces ou le devenir. Lorsqu'elles mangent peu, qu'elles oublient de consommer des produits céréaliers entiers ou qu'elles coupent tout le gras visible sans admettre la moindre amande ou la plus petite goutte d'huile dans une salade, elles peuvent se retrouver avec une peau sèche, des règles difficiles et irrégulières, de la difficulté à devenir enceintes, une ménopause qui s'impose sans ménagement; les symptômes sont encore plus sérieux lorsqu'il y a anorexie nerveuse.

Le manque d'acides gras essentiels peut aussi apparaître chez certains malades. Des chercheurs de l'Université d'Édimbourg ont voulu vérifier la présence d'*acide linoléique* dans les tissus humains, ainsi que son rôle dans l'incidence et la gravité d'ulcères d'estomac. Pour ce faire, ils ont analysé le tissu gras juste sous la peau chez 35 hommes souffrant d'ulcère et chez 35 hommes en bonne santé. La seule différence observée entre les deux groupes concernait le pourcentage d'acide linoléique, qui était plus faible chez les hommes atteints d'ulcères. Bien entendu, le tissu gras d'un individu reflète assez fidèlement le contenu de son alimentation, ce qui sous-entend que l'alimentation des hommes atteints d'ulcères contenait moins d'acide linoléique que celle des personnes en bonne santé. La pleine portée de cette étude reste à venir.

Les personnes âgées risquent elles aussi de manquer d'acides gras essentiels. C'est du moins ce que révèle une étude menée à Dijon auprès de personnes vivant en institution. Les chercheurs ont noté en effet chez cette population une consommation restreinte d'aliments et peu d'acides gras essentiels dans le sang. Certains phénomènes liés au vieillissement semblent limiter l'utilisation de ces acides gras ainsi que la production de leurs dérivés, les prostaglandines, ce qui augmente la vulnérabilité aux problèmes circulatoires et aux douleurs arthritiques.

Quelques actions particulières
des acides gras essentiels

Comme nous pouvons le constater, le monde de la nutrition a compris l'importance des acides gras essentiels en observant les symptômes de déficience... Les spécialistes utilisent maintenant ces connaissances pour aller plus loin dans le traitement de certaines maladies. Parmi les acides gras essentiels utilisés dans les recherches actuelles, on ne peut passer sous silence les fameux oméga-3 des poissons, de la famille de l'*acide alpha-linolénique.*

À l'Université de l'Alberta, quelques chercheurs du département de gastro-entérologie particulièrement intéressés à la maladie de Crohn et à la colite ulcéreuse, deux maladies inflammatoires de l'intestin, ont constaté que les oméga-3 des huiles de poisson calmaient l'inflammation intestinale d'animaux de laboratoire.

Au Mount Sinaï Medical Center de New York, des médecins ont utilisé l'huile de poisson pour traiter la colite ulcéreuse chez dix patients durant huit semaines. Ils ont observé une amélioration chez sept d'entre eux et aucune détérioration chez les trois autres. Les auteurs de l'étude poursuivent leurs recherches.

D'autre part, les peuples qui consomment beaucoup de poissons semblent moins atteints de maladies inflammatoires chroniques que la population nord-américaine. Au Danemark, des chercheurs ont voulu vérifier cette observation en mesurant l'impact d'une huile de poisson donnée sous forme de capsules pendant douze semaines à des personnes souffrant d'arthrite rhumatoïde comparativement à l'impact d'une capsule placebo ne contenant pas d'huile de poisson. Ils ont constaté une nette amélioration chez les patients qui prenaient l'huile de poisson et en ont déduit que ce type de supplément pouvait servir de complément aux thérapies traditionnelles.

Une autre étude, publiée en 1991, a porté cette fois sur l'influence de l'huile de lin, riche en acide alpha-linolénique, sur le système immunitaire de dix Américains. Par suite des résultats obtenus, les chercheurs croient que l'huile de lin pourrait être utile dans les cas de maladies auto-immunes ou de problèmes inflammatoires chroniques, comme l'arthrite, le lupus, les allergies.

Corrine Benquet[1], chercheuse de l'Université du Québec à Montréal, a récemment comparé l'effet de cinq types de gras sur le système immunitaire de souris soumises à un exercice intense, comparable à celui auquel se soumettent les athlètes olympiques. Normalement, les hormones libérées par le stress affaiblissent la production d'anticorps et forcent certains athlètes à se retirer des compétitions à cause d'infections bénignes menant à de graves complications. Chez les souris soumises au stress intense de l'exercice, seule l'huile de lin a empêché la diminution de la production d'anticorps, ce qui laisse entrevoir une meilleure utilisation de l'acide alpha-linolénique.

Deux autres recherches publiées en 1988 et en 1989 ont révélé qu'une augmentation des acides gras essentiels associée à une réduction des gras transformés et d'origine animale pouvait améliorer l'état de santé général des patients atteints de sclérose multiple mais sans manifestations cliniques graves.

Hugh Sinclair, chercheur émérite de Grande-Bretagne, publiait en 1956 une lettre ouverte dans le *Lancet* où il soulignait que *la majorité des maladies modernes pouvaient être dues à une déficience d'acides gras essentiels ou à un problème de transformation.* Les recherches se sont intensifiées depuis. Les aliments riches en acides gras essentiels demeurent sans contredit les bons gras de notre menu.

Mais attention, même si les acides gras essentiels ne représentent qu'une petite partie des gras que nous consommons aujourd'hui et même s'ils sont très utiles, il n'y a pas lieu d'en absorber des quantités importantes. Nous verrons au chapitre IV quelles sont les quantités recommandées.

---

1. Communication au congrès de l'ACFAS, 1992, *La Presse*, 14 mai 1992.

Tableau 1 CONTENU EN ACIDES GRAS ESSENTIELS DE QUELQUES ALIMENTS				
ALIMENT	PORTION	GRAS (g)	ACIDES GRAS ESSENTIELS	
			linoléique (g)	alpha-linolénique (g)
PRODUITS CÉRÉALIERS				
amaranthe	125 mL	6,4	2,8	0,06
avoine	125 mL	5,4	1,9	0,09
maïs	125 mL	3,9	1,7	0,05
millet	125 mL	1,2	0,6	0,03
orge	125 mL	2,1	0,9	0,1
riz brun cuit	250 mL	1,8	0,6	0,03
riz sauvage cuit	250 mL	0,6	0,2	0,16
germe de blé	60 mL	2,8	1,5	0,21
farine de blé entier	125 mL	1,1	0,4	0,02
pâtes de blé entier, cuites	250 mL	0,8	0,3	0,02
céréales à déjeuner genre granola	60 mL	7,9	3,9	0,2
FRUITS ET LÉGUMES				
avocat	1 moitié	15	1,9	0,1
autres fruits	250 mL	0,5	0,1	0,05
légumes	250 mL	0,3	0,1	0,05
MATIÈRES GRASSES				
huile de canola	15 mL	13,5	3	1,5
huile de carthame	15 mL	13,5	10,1	0,1
huile de germe de blé	15 mL	13,5	7,5	0,9
huile de lin	15 mL	13,5	1,7	7,3
huile de maïs	15 mL	13,5	7,9	0,1
huile de noix	15 mL	13,5	7,2	1,4
huile d'olive	15 mL	13,5	1,1	0,1
huile de pépins de raisins	15 mL	13,5	9,5	traces
huile de soya	15 mL	13,5	6,9	0,9
huile de tournesol	15 mL	13,5	8,9	0,9

ALIMENT	PORTION	GRAS (g)	ACIDES GRAS ESSENTIELS	
			linoléique (g)	alpha-linolénique (g)
Tableau 1 (suite) CONTENU EN ACIDES GRAS ESSENTIELS DE QUELQUES ALIMENTS				
VIANDE ET AUTRES SOURCES DE PROTÉINES				
œuf	1 moyen	5,6	0,6	0,02
veau	100 g	11	0,2	0,14
saumon	100 g	7,4	0,2	0,09
crabe	100 g	2	0,1	0,17
fèves soya cuites	250 mL	15,4	7,7	1,03
tofu ferme	1/4 de bloc	7	3,5	0,5
tofu	125 mL	11	5,5	0,7
amandes	30 g	14,7	3,1	0,11
arachides	30 g	13,9	4,4	traces
noix	30 g	16,1	9,5	0,94
noix de pins, pignons	30 g	17,3	7,1	0,22
pistaches	30 g	15,0	2,2	0,08
graines de tournesol	15 mL	4,3	2,8	0,01
LAIT ET PRODUITS LAITIERS				
lait de soya	250 mL	4,6	1,8	0,24
fromage cheddar	30 g	10,8	0,1	0,13
fromage suisse	30 g	7,8	0,2	0,1
lait entier	250 mL	8,6	0,2	0,19

CHAPITRE II

Et pour le pire!

Même si la phobie du cholestérol a sans doute fait plus de bruit que de victimes, la consommation actuelle de gras ne peut laisser indifférent. Lorsqu'une personne vulnérable[1] consomme trop de gras et (ou) de *mauvais* gras, elle risque de souffrir d'une maladie cardiovasculaire, d'un cancer ou d'une maladie auto-immune; elle peut également devenir obèse et cumuler les risques. Regardons chacune de ces réactions.

Les maladies cardiovasculaires

À l'heure actuelle, 40 millions d'Américains souffrent de maladies cardiovasculaires diagnostiquées, 80 millions présentent un taux de cholestérol élevé, et 1,5 million meurent d'une crise cardiaque chaque année. Au Canada, plus de 40 % des décès sont directement reliés à l'hypercholestérolémie ou taux excessif de cholestérol dans le sang. Ce chiffre s'élève à 50 % lorsqu'il s'agit de décès avant 50 ans.

Au Québec, la situation est encore moins rassurante. Chez la moitié de la population, le taux de cholestérol est supérieur à 5,2 mmol/litre, le niveau jugé normal. Les maladies cardiovasculaires tuent environ 19 000 Québécois chaque année. Le

---

1. Sur le plan génétique, avec des antécédents familiaux de diverses maladies.

Dr Jean Davignon[2], médecin-chercheur à l'Institut de recherches cliniques de Montréal, et ses homologues du Centre des sciences de la santé de l'Université du Texas à Dallas, ont démontré qu'une déficience génétique héréditaire est responsable de 63 % des cas de cholestérol élevé chez les Québécois. La déficience génétique est directement reliée à ce qu'ils appellent l'*effet fondateur*. Les Québécois d'aujourd'hui descendent pour la plupart de 8 000 immigrants venus du nord et de l'ouest de la France entre 1608 et 1763. Chez un peuple où il y a beaucoup de consanguinité et peu de mobilité, les déficiences génétiques sont plus fréquentes, selon le Dr Davignon. «Nous appartenons à une population dont l'hérédité et les habitudes alimentaires nous prédisposent à une hypercholestérolémie», affirme également le Dr Lucien Campeau[3], de l'Institut de cardiologie de Montréal.

La compréhension du taux de cholestérol et des maladies cardiovasculaires a fait un bond en avant grâce à une série d'études réalisées à Framingham, petite ville de la Nouvelle-Angleterre. Des médecins ont suivi pendant une trentaine d'années toutes les personnes de cette localité; les données recueillies ont permis d'établir un lien certain entre le risque de maladies cardiovasculaires et le taux de cholestérol dans le sang d'un individu. Leurs conclusions sont claires: plus le taux de cholestérol sanguin est élevé, plus le risque est grand.

Mais attention! ce n'est pas le cholestérol contenu dans les aliments qui a le plus d'influence sur l'augmentation du cholestérol dans le sang, mais plutôt la consommation excessive de gras animal et de gras hydrogéné[4]. Nos mauvaises habitudes de vie, telles que le manque d'activité physique et de moments de détente ainsi que l'usage du tabac, jouent également un rôle déterminant.

La théorie du cholestérol présentée ici ne fait pas l'unanimité dans la communauté scientifique internationale. Mais chose certaine, plus une population mange de gras saturé et de gras hydrogéné, plus l'incidence des maladies cardiovasculaires est élevée.

---

2. *Le Devoir*, 18 septembre 1987.
3. *La Presse*, 26 septembre 1987.
4. Voir le chapitre III pour connaître la définition des différents types de gras dont les gras hydrogénés.

Dans les années cinquante, les Japonais consommaient très peu de gras et de viande et présentaient une incidence très faible de maladies cardiovasculaires. En quarante ans, leur consommation de gras a quadruplé, et la mortalité par maladies cardiovasculaires a plus que triplé. Ce parallèle entre l'augmentation de la consommation de gras et l'augmentation des infarctus a de quoi faire réfléchir, même si, au Japon, l'incidence des maladies cardiovasculaires demeure la plus faible parmi les pays industrialisés.

La célèbre étude du Dr Walter Willett, de l'Université Harvard, met également en lumière l'impact de la qualité des gras consommés. Après avoir suivi plus de 80 000 infirmières pendant huit ans (de 1980 à 1988), fait des relevés alimentaires, déterminé la sorte de gras consommé régulièrement et noté les accidents cardiovasculaires au cours de cette période, il en a conclu que plus il y avait de gras hydrogénés au menu, plus les risques de maladies cardiovasculaires étaient élevés dans cette population féminine. Selon cette étude, ce n'est pas la quantité totale de gras qui a joué un rôle décisif sur la santé, mais plutôt la quantité de gras hydrogéné.

Des chercheurs britanniques, sous la direction du professeur Ramsay, ont montré pour leur part que seules des réductions importantes de gras pouvaient diminuer le taux de cholestérol dans le sang. Ils ont constaté qu'un régime sévère est particulièrement efficace chez les personnes qui, au départ, mangeaient beaucoup de gras et qui avaient un taux de cholestérol sanguin très élevé.

Mais on a longtemps cru que l'unique façon de débloquer des artères sévèrement atteintes était le recours à différentes techniques chirurgicales. Le Dr Dean Ornish, directeur de l'Institut de recherche en médecine préventive de Sausalito en Californie, a contredit cette croyance. Il a réussi une première mondiale en débloquant partiellement des artères de grands malades cardiaques, sans chirurgie ni médicaments pour diminuer le cholestérol. Pendant une année, il a suivi 41 sujets qu'il a divisés en deux groupes; 22 personnes ont fait des changements importants dans leur vie: elles ont modifié leur menu, leur activité physique et leur façon de composer avec le stress; les 19 autres ont servi de groupe témoin. La diète prescrite au premier groupe de patients était de type végétarien et contenait très peu de gras soit moins de 10 % des calories consommées dans une journée. Le deuxième groupe faisait certains exercices aérobiques et suivait une diète beaucoup moins sévère qui renfermait 30 % des calories sous forme de gras. Personne ne fumait, bien entendu.

Au début du programme, le Dr Ornish a photographié par angiographie l'intérieur des artères de tous les patients; après douze mois, il a répété l'examen et a constaté que le degré d'obstruction des artères avait diminué de 5 % en moyenne chez les patients du premier groupe mais avait légèrement augmenté chez les personnes du groupe témoin. Quatre ans après, des tests ont révélé que le déblocage des artères continuait de progresser chez les personnes qui poursuivaient la démarche. Le programme élaboré par le Dr Ornish n'est pas infaillible, mais il montre qu'une réduction très importante de gras et de bonnes habitudes de vie ont des effets spectaculaires sur les artères.

Les aliments renferment plusieurs types de matières grasses qui influencent différemment l'état des artères et la santé du cœur. La littérature scientifique abonde en recherches qui relient les maladies cardiovasculaires à une alimentation riche en gras, en gras animal et en gras hydrogénés. Par contre, aucune étude n'a démontré qu'il serait bon pour la santé du cœur de continuer à manger aussi gras qu'on le fait présentement.

Le cancer

Au Canada, le cancer est la deuxième cause de décès. Depuis 1970, l'incidence de cette maladie a augmenté d'environ 1,8 % chez les hommes et 0,8 % chez les femmes. Le cancer du côlon et celui du rectum causent 5 500 décès par année; le cancer du sein, quant à lui, guette une Canadienne sur onze. On parle de 115 000 nouveaux cas de cancer par année et de plus de 58 000 décès. Rien de bien rassurant.

Durant les vingt-cinq dernières années, des études menées dans différents pays ont révélé qu'environ 90 % des cancers sont reliés à des facteurs environnementaux. De fait, l'alimentation est tenue responsable de 35 % à 40 % des cas. Les liens entre l'alimentation et le cancer sont bel et bien réels, mais les recherches effectuées ne permettent pas de conclure que certains aliments ou certaines substances sont toujours cancérigènes chez tout le monde. L'âge, l'hérédité ou les facteurs hormonaux sont parmi les nombreux autres morceaux du casse-tête dont il faut tenir compte.

Chose certaine, la relation entre l'alimentation et le cancer préoccupe l'être humain depuis très longtemps. Toutefois, ce n'est qu'au début du XXe siècle que des chercheurs ont découvert un élément important: les rats de laboratoire manquant de nourriture présentaient moins de tumeurs cancéreuses que ceux dont la ration alimentaire était abondante. Il a fallu attendre les années trente et quarante pour noter d'autres changements alimentaires qui pouvaient influencer l'apparition du cancer chez les animaux. Par exemple, on s'est aperçu que le nombre de tumeurs mammaires augmentait chez les rats lorsqu'on ajoutait du gras à leur régime alimentaire.

En même temps, des chercheurs en épidémiologie, science qui a pour objet l'étude de la fréquence et de la cause des maladies chez différentes populations, ont constaté que le nombre de cas de cancer et les types de cancer variaient considérablement d'une région du monde à une autre, d'un groupe culturel à un autre.

Au milieu des années soixante-dix, des études épidémiologiques portant sur le cancer du sein révélaient qu'il y avait peu de ce type de cancer dans les sociétés en voie de développement et au Japon, mais que le nombre augmentait lorsque les ressortissants de ces pays immigraient aux États-Unis. Les Japonaises qui habitent le Japon consomment quatre fois moins de matières grasses que les Américaines et ont quatre fois moins de cancer du sein que ces dernières; l'incidence s'accroît graduellement lorsqu'elles immigrent aux États-Unis et se rapproche peu à peu de celle des Américaines de souche. On constate aussi qu'en Israël, les femmes juives venant d'Asie et d'Afrique souffrent moins de cancers du sein que celles qui sont originaires d'Europe, en partie grâce à une alimentation moins grasse. En général, chez les femmes de race blanche, le nombre de cancers du sein s'élève parallèlement à l'augmentation de la consommation de gras. De plus, un régime pauvre en gras semble accroître le taux de survie des personnes atteintes d'un cancer du sein. Une étude a même montré que chez les Japonaises en postménopause qui ont souffert d'un cancer du sein, le taux de survie est de dix ans supérieur à celui observé aux États-Unis.

Le cancer du côlon présente un modèle presque identique au cancer du sein, mais semble encore plus relié à une alimentation riche en gras. Bien que cette maladie soit rare dans les pays en voie de développement et au Japon, on la retrouve fréquemment chez les pays industrialisés et fréquemment chez les émigrants de ces contrées vivant aux États-Unis et chez les populations des pays industrialisés.

Durant plusieurs années, les graisses d'origine animale ont porté tout le blâme, mais elles partagent maintenant les torts avec les gras d'origine végétale, qui ne sont pas aussi inoffensifs qu'on le croyait. Consommés en trop grande quantité, certains gras d'origine végétale rendent les cellules de notre organisme plus vulnérables et augmentent eux aussi les risques de cancer.

> *Ce qui se dégage de toute cette recherche épidémiologique, c'est qu'une alimentation trop grasse favorise le développement de tumeurs cancéreuses.*

Plus récemment, une équipe de chercheurs de l'Université Laval à Québec, sous la direction du Dr Jacques Brisson, a effectué une étude portant sur l'alimentation de 640 femmes atteintes de cancer du sein. Leurs résultats, compilés à partir des examens de mammographie, indiquent que les ravages de cette maladie sont plus circonscrits chez les femmes qui mangent peu de gras d'origine animale.

Une autre étude effectuée en Australie, et publiée en 1990, montre qu'une alimentation riche en gras d'origine animale est associée à l'augmentation de l'hormone appelée *prolactine* et qu'un taux élevé de prolactine accroît les risques de cancer du sein chez les femmes avant la ménopause.

Enfin, des chercheurs américains, sous la direction du Dr Walter Willett, ont étudié les effets de la viande, du gras et des fibres sur le cancer du côlon. Ils ont analysé, au moyen d'un questionnaire conçu à cet effet, les habitudes alimentaires de plus de 85 000 femmes et ont suivi l'évolution de leur état de santé durant six ans. D'après les données recueillies et évaluées, les consommatrices de viandes rouges seraient deux fois plus susceptibles d'être victimes d'un cancer du côlon que celles dont le menu est composé de viandes blanches et de poissons. Il faut cependant mentionner que les femmes qui mangeaient des viandes rouges consommaient également plus de matières grasses.

Même si ces recherches n'arrivent pas à fournir toutes les explications nécessaires et bien qu'on ne connaisse pas toutes les substances cachées dans les aliments qui pourraient favoriser l'apparition de cancers du sein, du côlon, du rectum, de la prostate, notamment, la littérature scientifique fournit suffisamment d'indices qui se recoupent pour que les autorités gouvernementales des pays industrialisés n'hésitent plus à recommander des menus moins riches en matières grasses. C'est d'ailleurs ce qu'a fait Santé et Bien-être social Canada en lançant la nouvelle version du *Guide alimentaire canadien*, en novembre 1992.

Les problèmes du système immunitaire

«Tous n'en meurent pas, mais tous en sont atteints», ou presque. Si La Fontaine revenait sur terre, les animaux de la fable ne souffriraient pas de la peste, mais d'une maladie reliée à un dérèglement ou à un affaiblissement du système immunitaire.

On a longtemps cru que le système immunitaire était notre moyen de défense contre les microbes qui pouvaient envahir notre organisme de l'extérieur ou contre les cancers qui assaillaient notre corps de l'intérieur. Il fait tout cela et plus encore. Il permet à notre corps de vivre en harmonie avec lui-même et avec le monde extérieur. Mais il arrive que sous l'influence de nos propres gènes ou de facteurs environnants, ce merveilleux système se détraque.

Certaines maladies reliées au système immunitaire nous sont plus familières, comme les allergies respiratoires et alimentaires ainsi que les maladies infectieuses. Les premières semblent de plus en plus répandues; quant aux autres, elles ont régressé grâce à la vaccination, mais la partie n'est jamais totalement gagnée. En revanche, certaines maladies dites auto-immunes, tels le diabète, la maladie de Crohn, le lupus, l'arthrite rhumatoïde, affectent de 5 % à 7 % de la population; les personnes qui souffrent de ces affections semblent devenir allergiques à certains constituants de leur propre organisme.

L'alimentation a une influence sur le système immunitaire. Elle doit fournir suffisamment de protéines, de vitamines, de minéraux et d'acides gras essentiels pour répondre à nos besoins; lorsqu'elle ne remplit pas sa tâche adéquatement, elle affecte nos mécanismes de défense. Les populations les plus démunies, les enfants et les personnes âgées, sont particulièrement vulnérables.

Les aliments, par l'intermédiaire de certains éléments qui les composent, ont une action plus ou moins importante sur le système immunitaire; ils peuvent l'affaiblir, le renforcer ou encore rester neutres. Selon l'état actuel des connaissances, quelques-uns, ceux qui contiennent certains types de gras en particulier, semblent jouer un rôle plus spécifique.

Diminuer le gras total de l'alimentation est non seulement une façon de prévenir les maladies cardiovasculaires et certains cancers, mais aussi un moyen d'améliorer peut-être le système immunitaire. Comme on a pu le voir au chapitre premier, certains gras, comme l'huile de lin et l'huile de poisson riches en acides gras essentiels, ont fait l'objet de recherches expérimentales et cliniques qui ont montré leur action bénéfique sur le système immunitaire.

Mais on ne peut parler de gras et d'immunité sans parler de la vitamine E, qui suit les graisses tout au long de leur voyage dans notre sang jusqu'à chacune de nos cellules et agit à la manière d'un garde du corps. Cette action, dite *antioxydante,* la rend très utile. Des chercheurs l'ont constaté récemment dans le cadre d'une étude faite auprès de personnes âgées en bonne santé qui ont pris un supplément de vitamine E durant 30 jours; les résultats de la recherche indiquaient une amélioration du système immunitaire. Les meilleures sources alimentaires de vitamine E demeurent les huiles végétales, tout particulièrement les huiles pressées à froid.

Toutes ces recherches scientifiques convergent vers une recommandation: consommer moins d'aliments riches en gras animal et moins de graisses hydrogénées[5]. On conseille de répartir judicieusement dans l'alimentation les matières grasses qui exercent une bonne influence sur le système immunitaire, dont les gras de poisson et certains gras d'origine végétale.

> *Mais attention! Ingérés en trop grande quantité, même les meilleurs gras peuvent nuire au système immunitaire.*

---

5. Voir le chapitre III pour connaître la définition des différents gras ainsi que leurs principales sources alimentaires.

Les problèmes de poids

Dans notre société, l'obésité est un sujet important, délicat, controversé et qui fait rouler des milliards de dollars!

Au Canada, l'obésité atteint de 26 % à 39 % des adultes de plus de 20 ans et de 5 % à 25 % des enfants. Maladies cardio-vasculaires, hypertension, diabète, maux de dos, de genoux, problèmes psychologiques font souvent partie des petits et des gros malaises qui affectent les personnes obèses. Un excès de poids peut même augmenter le risque de certains cancers; toutefois, quelques rondeurs peuvent favoriser une meilleure santé chez les personnes âgées.

On a cru pendant longtemps que pour perdre du poids, il fallait diminuer les calories. Ce n'est pas totalement faux, mais ce n'est plus tout à fait vrai non plus.

La littérature scientifique actuelle ouvre de nouvelles perspectives fort intéressantes, dont font état en particulier deux études publiées en 1989. Les chercheurs croient qu'une réduction de la consommation de matières grasses pourrait prévenir et limiter l'accumulation excessive de gras. Leurs recherches tendent à montrer que le corps brûle moins efficacement les calories qui proviennent des gras que celles fournies par les glucides, c'est-à-dire les produits céréaliers, les légumineuses, les fruits, les légumes et les sucres.

Lors d'un récent congrès de l'Association américaine de diététique, les chercheurs Mc Kinney et Buccacio, de l'Université de Philadelphie, ont confirmé la théorie qui condamne le surplus de gras comme grand responsable des problèmes de poids. Ils soulignent que la *source* des calories semble plus importante dans la prise de poids que la quantité totale des calories. Ainsi, les calories qui proviennent d'une plus forte proportion d'aliments riches en glucides et d'une faible proportion de gras favoriseraient la perte de poids.

D'autres chercheurs ont constaté que les personnes grasses mangent différemment des gens minces pour une ration équivalente de calories. Les personnes grasses consomment 35 % de leurs calories sous forme de gras et 46 % sous forme de glucides; les plus minces, 29 % de leurs calories sous forme de gras et 53 % sous forme de glucides. Autre différence à souligner: les minces sont moins sédentaires que les personnes grasses. Ce n'est donc pas la quantité de calories qui fait toute la différence, mais la quantité de gras et l'activité physique.

Une étude menée pendant six mois auprès de femmes en préménopause confirme les observations précédentes. Cette recherche visait à réduire les risques de maladies cardio-vasculaires en coupant le gras total du menu à 20 % des calories. Même si l'alimentation de ces femmes contenait *autant de calories* et que leur niveau d'activité physique était le même, la réduction de gras a provoqué en six mois une perte de poids et une perte de tissu gras.

Une dernière recherche faite sur une période de deux ans auprès de 300 femmes en périménopause arrive aux mêmes conclusions: une réduction importante de gras entraîne une perte de poids, sans réduction de calories ou presque.

Pour conclure sur une note exotique mais concordante, les Chinois consomment chaque jour plus de calories que nous, mais beaucoup moins de gras et souffrent rarement de problèmes de poids.

Les données recueillies au cours des dernières années par bon nombre de chercheurs, tant canadiens qu'américains, encouragent fortement l'adoption d'un menu pauvre en gras et plus riche en produits céréaliers, légumineuses, légumes et fruits pour perdre du poids.

CHAPITRE III

L'affaire cholestérol

Le cholestérol des crevettes doit-il nous effrayer autant que le cholestérol élevé dans le sang? Le cholestérol de l'œuf est-il du *bon* cholestérol? Que de confusion dans ce dossier!

Disons d'abord qu'il existe naturellement du cholestérol dans le sang et qu'il en existe naturellement dans les aliments. Mais n'oublions jamais de les distinguer.

Le *cholestérol sanguin* circule dans le sang parmi plusieurs autres substances grasses dont les *triglycérides*. Ce sont les analyses sanguines qui nous révèlent la quantité totale de cholestérol et de triglycérides qui se promènent dans le sang; elles nous apprennent aussi que les *HDL* sont trop basses, que les *LDL* sont trop élevées et que le rapport entre les deux est anormal. Certains laboratoires peuvent même ajouter la teneur en *Apo-A1* et en *Apo-B*. Ce sont ces informations que les médecins utilisent pour établir leur diagnostic et proposer le traitement approprié. Essayons d'y voir plus clair.

Le cholestérol sanguin

Le cholestérol sanguin est cette substance grasse qui se promène normalement dans le sang pour effectuer différentes tâches dans l'organisme. Mais une substance grasse a besoin d'aide pour se déplacer dans un liquide aqueux comme le sang, car elle ne peut nager seule dans l'eau. Le cholestérol a donc recours à des protéines spécialisées dans le transport du gras pour se déplacer dans le sang. Ces substances portent le nom de *lipoprotéines*. Celles dont on entend le plus parler sont les lipoprotéines à basse densité, les *LDL*, d'après l'anglais *Low Density Lipoproteins,* et les lipoprotéines à haute densité, les *HDL* ou *High Density Lipoproteins.*

Les *LDL* vont chercher le cholestérol à la manufacture principale (le foie) et le transportent vers les cellules. Quand la quantité de cholestérol transportée par les LDL est excessive, les surplus collent à la paroi interne des artères, qui rétrécissent graduellement jusqu'à ce que le sang ne puisse plus passer. La crise cardiaque s'ensuit. Pour cette raison, les LDL n'ont pas très bonne réputation et elles sont surnommées le «mauvais cholestérol».

Les *HDL* sont responsables du transport de retour. Elles ramassent l'excès de cholestérol présent dans le sang et les cellules, peuvent s'attaquer au cholestérol collé aux artères et ramènent le tout au foie chargé de les éliminer à l'aide de la bile. À cause de leur action nettoyante, les HDL sont surnommées le «bon cholestérol».

Les *apolipoprotéines A1* et les *apolipoprotéines B,* qui voyagent avec les LDL et les HDL, sont de petites particules intelligentes qui reconnaissent les endroits où déposer le précieux colis, le cholestérol. Comme les *Apo-A1* voyagent sur les HDL, ou «bon cholestérol», et que les *Apo-B* voyagent sur les LDL, ou «mauvais cholestérol», les analyses sanguines qui révèlent une faible quantité de Apo-A1 et un excès de Apo-B ne sont pas de bonne augure. Dans certains cas, l'excès des Apo-B est relié à un problème d'origine génétique.

Autrefois, l'analyse sanguine ne révélait que la quantité totale de cholestérol présent dans le sang. Aujourd'hui, les analyses précisent les quantités de bon cholestérol (les HDL) et de mauvais (les LDL); certains laboratoires incluent même le taux des Apo-A1 et Apo-B. Lorsque le cholestérol total dépasse la norme de 5,2 mmol/litre, il y a un premier signe d'alarme. Mais lorsque les LDL (mauvais cholestérol) dépassent les 4,25 mmol/litre et que les HDL (bon cholestérol) sont inférieurs à 1 mmol/litre, le problème devient plus sérieux. Si, par contre, les HDL (bon cholestérol) dépassent les 2 mmol/litre et que le rapport entre le cholestérol total et les HDL est égal ou inférieur à 4,5, les possibilités de problèmes cardiovasculaires sont minces.

Tableau 2 ANALYSE SANGUINE cholestérol total		
65 ans et plus	6,2 mmol/L ou moins	acceptable
De 30 à 65 ans	5,2 mmol/L ou moins	acceptable
	6,2 mmol/L ou plus	à risque
De 18 à 29 ans	4,6 mmol/L ou moins	acceptable
	5,7 mmol/L ou plus	à risque
HDL (bon cholestérol)		
HDL	1,1 mmol/L ou plus	acceptable
	0,9 mmol/L ou moins	à risque
Triglycérides	2,3 mmol/L ou moins	acceptable
LDL (mauvais cholestérol)		
65 ans et plus	4,1 mmol/L ou moins	acceptable
De 30 à 65 ans	3,4 mmol/L ou moins	acceptable
	4,2 mmol/L ou plus	à risque
De 18 à 29 ans	3,0 mmol/L ou moins	acceptable

Cela dit, le corps humain ne peut fonctionner normalement sans une bonne dose de cholestérol. Il en produit lui-même en quantité adéquate et il en reçoit en plus des aliments. Il utilise le cholestérol d'origine interne ou externe pour plusieurs travaux importants, dont le bon fonctionnement du cerveau, la production de certaines hormones et la formation de la vitamine D. L'organisme a tellement besoin de cette substance que, dès les premiers mois de vie, il en fournit au bébé à travers le lait maternel, même si la maman ne consomme jamais de cholestérol dans son alimentation.

Les risques de maladies cardiovasculaires associées à un excès de cholestérol sanguin ne surviennent que lorsque le système de transport est détraqué pour une raison ou pour une autre.

Les *triglycérides*, une autre substance grasse qui se promène dans le sang, ont tendance à augmenter lorsqu'il y a excès d'alcool, de gras et de sucreries. Bien qu'ils ne soient pas considérés comme un facteur de risque aussi important que le niveau élevé de LDL (mauvais cholestérol), il semble souhaitable de normaliser les valeurs à un niveau inférieur à 2,3 mmol/L.

Le cholestérol alimentaire

Contrairement aux acides gras essentiels, le cholestérol présent dans les aliments est un élément nutritif dont le corps peut se passer, car il en fabrique lui-même. Une alimentation qui ne contient aucune trace de cholestérol ne provoque jamais de déficience à ce niveau. Par ailleurs, il n'y a ni *bon* ni *mauvais* cholestérol alimentaire, ni *HDL* ni *LDL* dans les aliments.

Seuls les aliments d'origine animale contiennent du cholestérol, certains plus que d'autres. Les abats, les œufs et le caviar en contiennent beaucoup tandis que la viande, la volaille et les produits laitiers en contiennent moins. Les aliments d'origine végétale, donc *toutes* les huiles végétales, les amandes, les noix, les graines, les produits céréaliers, les légumineuses, les fruits et les légumes notamment, ne renferment aucune trace de cholestérol. La division est aussi claire et nette que cela!

Les tableaux suivants énumèrent certains aliments qui contiennent peu de gras et beaucoup de cholestérol et d'autres qui sont riches en gras, mais qui n'ont aucune trace de cholestérol. De fait, ce n'est pas le cholestérol alimentaire qui a la plus grande influence sur le cholestérol sanguin.

Tableau 3 QUELQUES ALIMENTS FAIBLES EN GRAS MAIS RICHES EN CHOLESTÉROL			
Aliment	Portion (g)	Gras (g)	Cholestérol (mg)
crevettes	100	1,1	150
crabe	100	1,9	100
ris de veau	100	3,2	466
foie de poulet	100	5,5	631

Tableau 4			
QUELQUES ALIMENTS RICHES EN GRAS MAIS SANS CHOLESTÉROL			
Aliment	Portion	Gras (g)	Cholestérol (mg)
huile	15 mL	14	0
avocat de Californie	1 moitié	15	0
beurre d'arachide	30 mL	18	0
croustilles	petit sac	21	0
noix mélangées	75 mL	28	0

Les gras des aliments

Les aliments contiennent plusieurs sortes de gras qui peuvent influencer le cholestérol sanguin. Certains gras ont pour effet d'augmenter le mauvais cholestérol (LDL); d'autres provoquent l'effet contraire. Lorsque vous avez lu les étiquettes de certains produits alimentaires comme les margarines, vous avez fait connaissance avec le jargon des gras qui comprend les termes *saturés, polyinsaturés* et *monoinsaturés*. Ces trois types d'acides gras n'agissent pas de la même façon dans l'organisme; ils ont des caractéristiques et des propriétés qui leur sont propres.

Les acides gras sont des substances qui ont l'apparence de chaînes plus ou moins longues, selon les cas. On peut imaginer que les acides gras sont des gourmettes ou bracelets en mailles de métal, chacune de ces mailles étant liée à ses deux voisines et pouvant recevoir deux breloques, une de chaque côté de la maille.

Chaque maille d'un acide gras *saturé* a ses deux breloques et ne peut prendre aucune breloque additionnelle. Dans le cas d'un acide gras *monoinsaturé*, une seule maille est libre et peut recevoir deux breloques additionnelles. Dans le cas d'un acide gras *polyinsaturé*, au moins deux mailles sont libres et peuvent recevoir quatre nouvelles breloques.

Gras saturé

De plus, le chaînon d'un acide gras *saturé* est rigide comme une règle; «il est chimiquement verrouillé[1]», comme le souligne Jean-Marie Bourre; son comportement ne réserve aucune réaction chimique imprévue.

Gras monoinsaturé

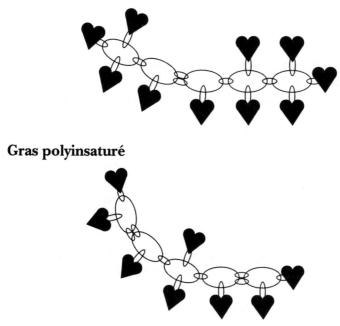

Gras polyinsaturé

La chaîne d'un acide gras *monoinsaturé* est souple alors que celle d'un acide gras *polyinsaturé* est encore plus souple et vulnérable; son comportement et ses réactions chimiques sont moins prévisibles.

---

1. J.-M. Bourre, *Les bonnes graisses*, Paris, Éd.Odile Jacob, 1991.

Mais on ne mange pas des acides gras; on mange des aliments qui contiennent différents *mélanges* de gras saturés, monoinsaturés et polyinsaturés. Les viandes et les produits laitiers sont particulièrement riches en gras *saturés,* alors que l'huile de tournesol et l'huile de lin sont riches en gras *polyinsaturés;* les amandes, quant à elles, contiennent beaucoup de gras *monoinsaturés.*

Plus un aliment est riche en un type d'acide gras, plus il adopte le comportement de cet acide gras. Voyons de plus près les comportements des différents acides gras.

Les gras saturés

La majorité des chercheurs dans le domaine affirment que les acides gras saturés ont tendance à faire monter le cholestérol sanguin chez les personnes vulnérables qui en consomment beaucoup.

Les acides gras saturés se retrouvent principalement dans les aliments d'origine animale, comme les viandes et les produits laitiers. Mais certains aliments d'origine végétale, comme l'huile de palme et l'huile de noix de coco, font exception à la règle et en contiennent aussi de bonnes quantités.

Tableau 5 QUELQUES ALIMENTS RICHES EN GRAS SATURÉS					
Aliment	Portion	Gras (g)	Saturés (g)	Mono. (g)	Poly. (g)
camembert	30 g	6,88	4,33	1,99	0,2
lait entier	250 mL	8,6	5,07	2,35	0,39
beurre	10 mL	8,12	5,04	2,34	0,3
noix de coco	125 mL	13,4	12,38	0,57	0,15

Les gras polyinsaturés

Les acides gras polyinsaturés favorisent la diminution du cholestérol sanguin; ils abaissent le taux du mauvais cholestérol (LDL) mais aussi celui du bon (HDL), ce qui n'est pas vraiment avantageux. Cette action ambivalente est reconnue depuis peu par la communauté scientifique.

De plus, les gras polyinsaturés sont très riches en acides gras essentiels, soit l'*acide linoléique* et l'*acide alpha-linolénique* dont nous avons abondamment parlé au chapitre premier.

Les principales sources de gras polyinsaturés sont les huiles végétales, comme les huiles de maïs, de soya, de germe de blé, de carthame, de tournesol, de sésame, de noix, de lin, les graines de tournesol et de sésame.

Tableau 6					
QUELQUES ALIMENTS RICHES EN GRAS POLYINSATURÉS					
Aliment	Portion	Gras (g)	Saturés (g)	Mono. (g)	Poly. (g)
huile de soya	15 mL	13,5	2	3,2	7,8
huile de lin	15 mL	13,5	1,3	2,7	9
noix	125 mL	35,4	2,3	8	23,4

Les gras de poissons (oméga-3)

La famille des acides gras polyinsaturés ne s'arrête pas là puisque ceux contenus dans les poissons font de plus en plus parler d'eux.

Les gras de poissons, qu'on appelle couramment les oméga-3, doivent leur popularité à des chercheurs hollandais qui ont noté une consommation importante de ces gras chez les Inuit du Groenland; ceux-ci présentaient une faible incidence d'athérosclérose et de maladies cardiovasculaires. Des recherches plus poussées ont montré que les gras de poissons n'ont pas tellement d'influence sur le cholestérol sanguin; de plus, ils favorisent une baisse des triglycérides, rendent le sang plus fluide et préviennent la formation de caillots susceptibles de bloquer les artères. Dans certaines études, on a même remarqué leur action bénéfique sur la pression artérielle.

| Tableau 7 | | | |
| QUELQUES ALIMENTS RICHES EN GRAS OMÉGA-3 | | | |
Aliment	Portion (g)	Gras (g)	Oméga-3 (g)
Poissons maigres morue, aiglefin, coquillages, plie, sole, flétan, thon	100	moins de 4	moins de 0,5
Poissons gras saumon, espadon	100	de 4 à 8	de 0,5 à 2
Poissons très gras hareng, maquereau	100	plus de 8	plus de 2

La vulnérabilité des gras polyinsaturés

Les acides gras polyinsaturés ont de grandes qualités, mais ils ont aussi un grand défaut: ils s'oxydent facilement et rapidement. Il est relativement simple de reconnaître un phénomène d'oxydation dans un aliment: celui-ci acquiert alors un goût rance, piquant, pas très agréable.

Dans le corps humain, l'oxydation est un processus naturel qui favorise la production d'énergie, mais elle est aussi à l'origine de la formation de substances toxiques appelées radicaux libres.

Ainsi, dans notre organisme, les gras polyinsaturés oxydés, dits également peroxydés, deviennent incapables de jouer adéquatement leur rôle de protecteur au niveau de la membrane cellulaire.

La nature a toutefois prévu le coup et a doté les aliments riches en gras polyinsaturés d'un bouclier naturel qui protège à la fois le gras et la cellule. Ce bouclier, c'est la vitamine E, que l'on dit antioxydante. Mais lorsque celle-ci est plus ou moins détruite lors de la transformation des aliments, elle ne peut suffire à la tâche.

Les gras monoinsaturés

Pendant longtemps, les acides gras monoinsaturés ont vécu dans l'ombre, puisqu'ils étaient perçus comme n'ayant aucun pouvoir sur le cholestérol sanguin. Aujourd'hui, grâce à des études effectuées chez les populations méditerranéennes, grandes consommatrices d'huile d'olive riche en gras monoinsaturés, cette sorte de gras est reconnue comme protectrice du bon cholestérol, les HDL, et peut même l'augmenter. Elle peut également diminuer les LDL, le mauvais cholestérol, mais ne fait pas baisser les HDL.

Les principales sources alimentaires d'acides gras monoinsaturés sont l'huile d'olive, l'huile de canola, les amandes, l'huile de noisette, l'avocat.

Ainsi, des chercheurs ont récemment démontré qu'un régime alimentaire contenant 100 g d'amandes par jour et de l'huile d'amande pour la cuisson pouvait baisser le cholestérol total, les LDL (le mauvais cholestérol), sans affecter les HDL (le bon cholestérol).

Les gras monoinsaturés sont chimiquement plus stables, plus résistants à l'oxydation que les gras *polyinsaturés,* un atout de plus dans leur jeu.

Tableau 8
QUELQUES ALIMENTS RICHES EN GRAS MONOINSATURÉS

Aliment	Portion	Gras (g)	Saturés (g)	Mono. (g)	Poly. (g)
saumon atlantique	100 g	13	2,4	5,5	3,4
huile d'olive	15 mL	13,6	1,8	9,9	1,1
pistaches	125 mL	33,5	4,3	22,8	5,1
amandes	125 mL	38,8	3,6	24,7	8
avocat	1 moitié	15	2,5	10	1,8

Les graisses hydrogénées et acides gras *trans*

Les acides gras dont nous avons parlé jusqu'à maintenant sont contenus naturellement dans les aliments. Cependant, parmi eux, certains subissent des transformations majeures; on les appelle alors graisses hydrogénées.

L'hydrogénation est un procédé industriel qui permet de durcir les huiles pour en faire des shortenings et des margarines. Cette transformation augmente la durée de conservation et rend ces gras plus résistants aux fortes températures de cuisson. Il existe sur le marché toute une gamme de graisses et d'huiles plus ou moins hydrogénées. On retrouve également un grand nombre de produits qui contiennent du gras hydrogéné comme les biscuits, les craquelins, les croustilles, les produits de boulangerie, le beurre d'arachide, les bases de soupes, etc.

Lorsque les huiles et les graisses sont hydrogénées, les acides gras polyinsaturés perdent leur forme naturelle, appelée *cis*, et revêtent une nouvelle forme, appelée *trans*.

On a comparé précédemment un acide gras à un bracelet de mailles auquel étaient attachées des breloques. Lorsque les breloques sont placées de chaque côté du maillon, on parle de la forme *cis*; si on déplace une breloque pour l'attacher de l'autre côté du maillon, on parle de la forme *trans*, qu'on appelle aussi *isomère trans*.

Forme *cis*

Forme *trans*

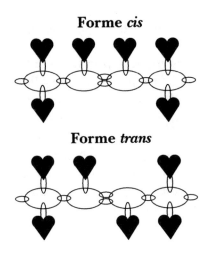

Cette petite modification change le comportement global des acides gras polyinsaturés; ainsi, dans leur forme *trans*, ils agissent comme s'ils étaient des gras *saturés*, augmentent le cholestérol sanguin, particulièrement les LDL, le mauvais cholestérol, tout en diminuant le bon cholestérol, les HDL. Ils contribuent alors à augmenter les risques de maladies cardiovasculaires.

Tableau 9
CONTENU EN GRAS *TRANS* DE QUELQUES ALIMENTS*

Aliment	Portion	Gras total (g)	Gras *Trans* (g)
beignet	1	18	4,8
croissant	1	13	4,7
craquelins	10 petits	10	4,4
biscuits	2 ou 3	38	10,3
frites	petite portion	12	4,4
croustilles	petit sac	15	5,3
margarine molle	10 mL	9	de 0,9 à 1,8
margarine dure	10 mL	9	de 1,9 à 3,8

* Ces aliments sont préparés ou cuits avec de l'huile végétale partiellement hydrogénée.

Tout comme les acides gras essentiels, les isomères *trans* produisent eux aussi des dérivés, mais qui ne fonctionnent plus comme les prostaglandines originales. Ils affectent la membrane cellulaire elle-même et n'envoient plus les mêmes messages aux cellules.

Il est malheureusement impossible de connaître la quantité d'acides gras *trans* qui se trouve dans nos aliments puisque l'étiquetage ne le mentionne pas; mais ce que nous savons, c'est que plus un aliment est *hydrogéné*, plus il contient d'acides gras *trans*.

Comme vous le voyez, l'affaire cholestérol n'est pas simple. Il ne s'agit pas de «manger sans cholestérol» pour abaisser le taux de cholestérol sanguin. Tous les gras de notre alimentation et ceux de notre organisme interagissent dans nos cellules et nos artères pour nous aider ou nous nuire.

CHAPITRE IV

Une nouvelle règle d'or

La consommation de gras à travers les âges

Le gras fait partie de l'alimentation humaine depuis la nuit des temps, et loin de nous l'idée de le supprimer en cette fin de XXᵉ siècle. Mais avant d'énoncer une nouvelle règle d'or pour orienter la consommation de gras, remontons dans l'histoire pour voir les changements spectaculaires qui sont survenus tant au niveau des sortes de gras que des quantités consommées.

Certaines informations remontent même à la préhistoire! Des anthropologues américains ont étudié le type d'aliments consommés par l'humain il y a 25 000 ans. Selon leurs recherches, celui-ci mangeait beaucoup de gibier et de poisson, aliments beaucoup moins riches en gras *saturés* que les viandes d'aujourd'hui, mais plus riches en gras *polyinsaturés* et en *oméga-3,* et tout aussi riches en cholestérol. Le menu était complété par des racines, des légumineuses, des noix, des tubercules et des fruits sauvages, aliments riches en fibres, en vitamine C et en sels minéraux. Ainsi, l'homme et la femme des cavernes mangeaient moins de gras que nous (soit environ 20 % des calories de la journée), et du gras de meilleure qualité.

La culture des céréales, amorcée 10 000 ans avant Jésus-Christ, a bouleversé les habitudes alimentaires de l'humanité en augmentant le contenu de fibres du menu et en réduisant la part du gras à moins de 15 % des calories de la journée. Puis l'huile d'olive a fait son apparition sur les rives de la Méditerranée il y a 5000 ans; le beurre s'est installé un peu plus tard dans la cuisine des Vikings et des Normands. Dans ces deux derniers cas, il s'agissait d'aliments précieux consommés en petite quantité et réservés aux grandes occasions. Qui ne se souvient pas du Petit Chaperon rouge et de son petit pot de beurre pour sa mère-grand? Un cadeau impensable de nos jours... À la fin du XIXᵉ siècle, nos arrière-grands-parents québécois mangeaient des fèves au lard, de la tourtière et du ragoût de pattes, mais pas tous les jours!

Les choses se sont un peu gâtées depuis, dans les pays industrialisés en particulier. Sauf quelques exceptions, plus un peuple est riche, plus il mange gras. Plus il est industrialisé, plus il consomme des graisses hydrogénées, des aliments frits, bref, du *mauvais* gras.

Le statut du gras est lentement passé d'aliment précieux à celui d'aliment encombrant, ruinant l'équilibre et la santé. L'assiette quotidienne s'est enrichie de viande, de pommes de terre, de légumes racines et de nombreuses tranches de pain «beurrées». On cuisinait avec du beurre, du shortening et du lard et on ignorait tout de l'huile à salade.

Puis les décès par maladies cardiovasculaires ont atteint leur sommet vers la fin des années cinquante. Alors les scientifiques ont commencé leur réflexion sur la relation entre ces différents gras et les maladies.

Pour diverses raisons, la consommation de gras s'est graduellement et profondément modifiée: l'industrie alimentaire a découvert qu'il était possible de stabiliser les huiles en les raffinant et en les hydrogénant pour les conserver plus longtemps; le consommateur a développé un goût prononcé pour les fritures et les aliments transformés, cuisinés par les autres. Ainsi,

- les gras d'origine animale ont peu à peu cédé la place aux gras d'origine végétale, mais raffinés et hydrogénés;
- la consommation quotidienne de gras est passée de 25 % à 40 % des calories de la journée;
- la margarine a remplacé en bonne partie le beurre;
- les acides gras *trans* se sont infiltrés partout, dans les craquelins, le pain, les croustilles, la margarine, les biscuits et le beurre d'arachide;
- les fritures font partie d'un grand nombre de repas minute.

Tout comme les Américains et les Européens, les Canadiens mangeaient en 1983 plus de gras — et plus de mauvais gras — que jamais, soit l'équivalent de 42 % de toutes leurs calories de la journée, un record de tous les temps. En 1990, on évaluait qu'au Canada, plus de 50 % des huiles végétales étaient *hydrogénées*. Les enquêtes récentes révèlent une réduction de la consommation du gras total; d'autre part, l'enquête Santé Québec, diffusée au printemps 1993, identifie les principales sources de gras au menu des Québécois: en tête de peloton, la margarine molle, qui fournit à elle seule autant de gras que les viandes et les volailles.

Actuellement, la consommation quotidienne de gras atteint entre 70 g et 80 g pour une femme qui mange entre 1600 et 2000 calories par jour et 105 g pour un homme qui consomme 2500 calories par jour (voir les tableaux des pages en appendice pour traduire ces grammes de gras en aliments de toute sorte).

La consommation actuelle de gras constitue un problème pour deux raisons:

- elle dépasse l'apport jugé raisonnable par les experts, soit 30 % des calories de la journée;
- elle ne fournit pas nécessairement les acides gras essentiels compatibles avec nos besoins réels.

Nos besoins réels au cours d'une vie

Comme nous l'avons vu au chapitre premier, toutes les cellules du corps humain ont besoin de gras pour fonctionner normalement, mais les doses requises ne correspondent plus du tout aux quantités consommées. Par ailleurs, nos cellules ne fonctionnent harmonieusement qu'avec une seule sorte de gras, les *acides gras essentiels,* linoléique et alpha-linolénique, qui agissent tous les deux de façon complémentaire. Malheureusement, ces deux acides gras essentiels sont très vulnérables à la chaleur, au processus de raffinage, à l'oxydation et à la compétition menée par les autres gras du menu. Sans parler de déficiences sévères, certains experts relient plusieurs de nos maladies actuelles à un manque de ces acides gras essentiels. En clinique, nous rencontrons des personnes qui avalent des quantités faramineuses de fritures, de margarine et de biscuits contenant du gras hydrogéné, qui ont des taux élevés de cholestérol sanguin et une peau sèche dépourvue des bons acides gras.

Comparativement aux 75 g, ou 100 g de gras total consommés chaque jour à l'heure actuelle, nos besoins quotidiens réels en acides gras essentiels se chiffrent à:

- entre 7 g et 11 g d'*acide linoléique*,
- entre 1,1 g et 1,8 g d'*acide alpha-linolénique*.

L'équilibre entre les deux est primordial, car trop de l'un peut nuire à l'action de l'autre. Les besoins varient assez peu au cours de la vie, mais ils sont proportionnels à nos besoins en calories. Ainsi, l'adolescent qui grandit nécessite une plus grande quantité d'acides gras essentiels qu'une femme sédentaire.

On retrouve ces gras principalement dans les aliments d'origine végétale et en proportion moindre dans les aliments d'origine animale. Par exemple:

- une cuillère à soupe de beurre renferme 0,45 g d'acides gras essentiels tandis qu'une cuillère à soupe d'huile de noix en renferme 8,6 g;
- une tasse de crème glacée fournit 23 g de gras total, mais seulement 1 g d'acides gras essentiels;
- une part de quiche Lorraine (crème, œufs, jambon) fournit 41 g de gras total, mais seulement 2,9 g d'acides gras essentiels;
- une tasse de fèves soya cuites fournit 15 g de gras total, et rapporte 8,7 g d'acides gras essentiels;
- un cube de fromage cheddar fournit 10 g de gras total, mais seulement 0,2 g d'acides gras essentiels;
- une cuillère à soupe de graines de tournesol fournit 4,3 g de gras total, et rapporte 2,8 g d'acides gras essentiels.

Les produits céréaliers entiers qui ont conservé leur son et leur germe fournissent beaucoup plus d'acides gras essentiels que le pain blanc et les céréales raffinées:

- un bol de müesli fournit 3,03 g d'acides gras essentiels comparativement à un bol de Corn Flakes qui n'en a que 0,78 g;
- une tranche de pain de blé entier renferme 0,4 g d'acides gras essentiels alors que le pain blanc n'en contient que 0,22 g.

Les fruits et les légumes contiennent une infime quantité de gras, mais ils fournissent des acides gras essentiels.

À l'inverse, viandes et produits laitiers renferment peu d'acides gras essentiels malgré leur contenu plus important de gras total et de gras saturés:

- 200 g de yogourt nature fait de lait partiellement écrémé fournit 3,5 g de gras total, 2 g de gras saturé dont seulement 0,1 g d'acides gras essentiels;
- un œuf entier contient 6 g de gras total dont seulement 0,7 g d'acides gras essentiels;
- 30 g (1 oz) de fromage suisse contient 8 g de gras total dont seulement 0,3 g d'acides gras essentiels;
- 90 g (3 oz) de veau grillé contient 9 g de gras total dont seulement 0,6 g d'acides gras essentiels.

Les poissons renferment un tout autre type de gras qui est proportionnellement plus riche en acides gras essentiels que les viandes:

- 90 g (3 oz) de saumon fournit 5 g de gras dont 1,9 g d'acides gras essentiels;
- 90 g (3 oz) de crabe fournit 3 g de gras dont 0,5 g d'acides gras essentiels.

Tel qu'il a été mentionné, les deux acides gras essentiels résistent mal au raffinage, à la chaleur et à la friture. Lorsqu'ils sont agressés par ces divers processus, ils se décomposent et perdent leurs pouvoirs. Ils deviennent alors incapables d'agir normalement dans la cellule et peuvent même être nuisibles. Leur pouvoir résiste assez mal aux transformations apportées par l'industrie ou par la cuisinière; ainsi, plus un aliment est transformé et chauffé, plus il perd ses acides gras essentiels.

Une alimentation composée d'aliments frais, variés et peu transformés peut théoriquement répondre à nos besoins réels en acides gras essentiels, même si elle ne contient aucun gras visible.

Les recommandations actuelles et leurs limites

Le message actuel concernant la *consommation désirable de gras* ne vise pas le respect de nos besoins réels en acides gras essentiels; il encourage plutôt une diminution de notre consommation excessive de gras. Tous les organismes officiels, entre autres l'Organisation mondiale de la santé, l'American Heart Association, la Fondation des maladies du cœur ou la Fondation québécoise pour la prévention du cancer, chantent à l'unisson que cet apport désirable de gras doit se situer à 30 % des calories de la journée. Santé et Bien-être social Canada décrétait en 1990 que «le régime alimentaire des Canadiens ne devrait pas fournir plus de 30 % de la quantité totale d'énergie sous forme de gras» dans le but de réduire l'incidence des maladies cardiovasculaires et de certains cancers. On suggère de répartir les différents gras en quantités égales de *saturés, monoinsaturés* et *polyinsaturés*. À notre avis, cette recommandation est incomplète, car elle crée une bataille de chiffres sans éveiller la méfiance face aux gras qui nuisent à la santé et sans créer un souci pour la *qualité*.

Premièrement, la restriction des gras à 30 % des calories est assez mal comprise des consommateurs. Destinée aux professionnels de la santé, cette notion a bondi sur la place publique; elle se retrouve sur les étiquettes ou dans les messages publicitaires et sème beaucoup de confusion. Le consommateur a retenu l'idée que chaque aliment doit respecter la consigne des 30 % de gras. Il ne croit plus avoir droit à une vraie vinaigrette à l'huile, à des noix ou à un avocat. Or l'esprit de la recommandation vise à réduire la quantité totale de gras pour l'ensemble des trois repas de la journée. Même remise dans ce contexte, la notion des 30 %, pour être bien utilisée, sous-entend plusieurs calculs et demeure abstraite.

Deuxièmement, le message actuel donne très peu d'importance à la notion de qualité des gras. Il suggère de «*réduire le gras total en choisissant des produits laitiers moins gras, des viandes plus maigres et des aliments préparés avec peu ou pas de matières grasses»*, mais il n'émet aucune mise en garde contre les gras transformés, *hydrogénés* et les *isomères trans* qui diminuent le bon cholestérol sanguin, nuisent à la perméabilité des cellules et augmentent les risques d'accidents cardiovasculaires. Parler de quantité de gras sans miser sur la *qualité* est un non-sens. Quelques recherches récentes tendent même à démontrer que la *qualité* du gras a plus d'impact sur la santé cardiovasculaire que la limite des 30 %.

Une étude effectuée en Californie auprès d'hommes ayant un taux élevé de cholestérol sanguin a évalué l'importance de la *qualité* des gras tout en augmentant le gras total de 28 % à 37 % des calories de la journée. On a donc remplacé une bonne partie du gras *saturé* par du gras *monoinsaturé* provenant d'amandes et d'huile d'amande. Résultat: le cholestérol total et les LDL (mauvais cholestérol) des sujets ont chuté de 10 %.

Une autre étude du genre a été menée en Espagne auprès de femmes n'ayant pas de problème de cholestérol. Les chercheurs ont utilisé trois différentes qualités de gras; le premier menu était riche en gras *saturés,* le second, en gras *polyinsaturés* et le troisième, en gras *monoinsaturés.* Malgré un apport de gras s'élevant à 36 % des calories dans les trois cas, le troisième menu conçu autour de l'huile d'olive a diminué le cholestérol total ainsi que les LDL (mauvais cholestérol) et a maintenu une meilleure proportion des HDL (bon cholestérol) que les deux autres menus.

Une étude australienne a comparé l'impact d'un menu riche en féculents et faible en gras (20 % des calories) avec un menu riche en gras (36 % des calories) de type *monoinsaturé.* Quinze femmes en bonne santé âgées entre 37 et 58 ans ont vu leur taux de cholestérol total baisser avec les deux menus; toutefois, le menu gras de type *monoinsaturé* a favorisé une diminution plus importante des LDL et le maintien des HDL. En revanche, le menu moins gras a fait chuter les HDL de 13,9 %. Les auteurs de l'étude ont conclu qu'un menu riche en gras *monoinsaturés* semble plus efficace pour réduire le cholestérol qu'un menu faible en gras.

Une étude menée en Okinawa, région japonaise où les gens vivent plus vieux et où l'incidence des maladies cardiovasculaires est plus basse qu'ailleurs au Japon, a aussi démontré que le pourcentage de gras dans l'alimentation n'est pas toujours le facteur le plus important. Les Japonais de cette région mangent 29 % de gras comparativement à 25 % pour l'ensemble du Japon, mais les auteurs soulignent que le rapport entre les deux acides essentiels est différent et qu'il y a dans leur alimentation un peu plus d'acide alpha-linolénique qu'ailleurs au pays.

Plusieurs autres études récentes, dont celle du Dr Walter Willett (voir le chapitre II), soulignent les méfaits des acides gras *trans* (gras *hydrogénés* comme dans la margarine) même à l'intérieur d'une alimentation respectant la norme des 30 % de gras; ces gras affectent négativement le bon cholestérol et augmentent les risques de maladies cardiovasculaires.

Il ressort de ces études que la *qualité* des différents gras consommés serait plus importante pour la santé que la norme des 30 %.

Troisièmement, ces fameux 30 % de gras constituent sans doute une meilleure mesure que le *statu quo* actuel des 34 % à 40 %, car ils semblent réduire le cholestérol sanguin chez des personnes vulnérables. Cependant, cette seule restriction ne permet pas le nettoyage des artères bloquées chez les grands cardiaques, au contraire! Les études du Dr Ornish ont montré qu'il fallait réduire le gras jusqu'à 10 % des calories pour réussir à débloquer les artères des grands cardiaques tout en augmentant l'activité physique et les moments de détente.

Le Dr Colin Campbell, de l'Université Cornell, coordonnateur d'une immense étude appelée *The China Study,* effectuée dans soixante-cinq cantons de la République de Chine, a mis en parallèle l'alimentation des Chinois dans les diverses régions, les paramètres sanguins et les principales causes de mortalité. Ayant noté que l'alimentation chinoise ne renfermait que 15 % de gras et que les maladies cardiovasculaires ne comptaient que pour 1 % des décès, il a exprimé de sérieuses réserves quant à la norme des 30 % des Nord-Américains qu'il qualifie de «chiffre politique». Il a également émis l'opinion que pour prévenir divers cancers, dont le cancer du sein, l'alimentation devrait contenir plus d'aliments d'origine végétale et ne pas inclure plus de 20 % des calories sous forme de gras.

Le paradoxe français

Dans tout ce débat autour du gras, les Français se retrouvent au cœur d'une contradiction scientifique que les experts appellent *le paradoxe français*. Ainsi, les Français consomment autant de gras *saturés* que les Nord-Américains ou que les Européens avoisinants, mais ils bénéficient d'une incidence moins élevée de mortalité cardiovasculaire. L'équation gras saturé dans l'assiette, cholestérol élevé dans le sang et infarctus à 60 ans ne se vérifie pas chez eux comme partout ailleurs dans les pays industrialisés. Les théories mises de l'avant depuis vingt-cinq ans cèdent soudainement la place à de nouvelles hypothèses qui en réjouissent plusieurs, car le vin rouge est mis à l'honneur par certains experts.

Plusieurs équipes de chercheurs américains et européens tentent d'élucider le mystère et mènent diverses études pour comparer les habitudes alimentaires des Français à celles des autres populations industrialisées. Dès l'automne 1991, les journalistes se sont emparés du dossier sans attendre les résultats des études. Depuis, l'équipe du Dr Serge Renaud, de l'INSERM en France, a souligné l'action protectrice du vin rouge par l'intermédiaire des HDL (bon cholestérol); d'après cette équipe, le vin rouge aurait le pouvoir d'inhiber l'action négative des plaquettes sanguines même sous l'influence d'un repas gras. En temps normal, plus un repas renferme de gras saturés, plus les plaquettes réduisent la fluidité du sang et plus les risques d'infarctus sont élevés. Une autre équipe de chercheurs de la Californie a mesuré l'action protectrice de polyphénols dans le vin rouge et a conclu que les polyphénols ont une action antioxydante encore plus puissante que celle de la vitamine E pour protéger l'intégrité des gras dans le sang, la vitamine E étant une vitamine antioxydante reconnue.

De notre côté, nous avons comparé la consommation de gras des Français au début des années soixante-dix à celle des autres pays industrialisés et avoisinants; nous avons constaté une nette différence dans la *qualité* des gras consommés. Alors que les Néerlandais avalaient 22 kg de margarine et de shortening par année, que les Suédois en absorbaient 18 kg, que les Allemands et les Nord-Américains en mangeaient plus de 12 kg, les

Français n'étaient qu'au beurre et à l'huile (voir le tableau 10). D'autre part, les Français ont toujours connu l'art des bonnes vinaigrettes à l'huile d'olive ou à l'huile de noix, deux huiles riches en acides gras essentiels et qui contiennent des polyphénols et de la vitamine E, deux antioxydants perdus dans les huiles raffinées. Ils ont résisté plus longtemps que leurs voisins européens à la margarine et aux autres gras hydrogénés riches en isomères *trans* qui augmentent les risques cardiovasculaires. Ils sont également amateurs de bons poissons frais riches en gras oméga-3. Bref, ils semblent avoir su choisir une meilleure *qualité* de gras.

Tableau 10
CONSOMMATION DE GRAS PAR PERSONNE (Livres/année), 1975

Pays	Gras total	Gras animal		Gras hydrogénés		Huiles
		Beurre	Lard*	Margarine	Shortening	
France	50	18,9	0,7	7	1,8	21,6
Allemagne	61,8	15,4	12,5	18,2	7,3	8,4
Japon	21	1,1	2	2,9	2	13
Pays-Bas	68	5,1	3	31,7	3	10,6
Suède	57,4	11,7	0,9	38,5	0,9	3,7
Royaume-Uni	56,3	19,6	7,9	11	7,9	13,2
États-Unis	53,7	4,8	3,1	10,8	3,1	17,6

* Et autres types de gras animal.
Source: Gander, K. F., «Fats in the diet», *J. Am. Oil Chemist Soc.*, 53:417, 1976.

D'autres composantes de leur vie et de leur menu, comme l'activité physique régulière, le temps réservé aux repas, la consommation abondante de légumes et de fruits frais, peuvent aussi contribuer à expliquer cette incidence moins élevée de maladies cardiovasculaires. Mais le mot de la fin reste à venir.

Pour nous, la notion de *qualité* des gras consommés semble très importante dans tout ce dossier.

La démarche proposée

Nous vous proposons de mettre l'accent sur la *qualité* des gras avant de vous attarder à la *quantité*.

Choisissez des aliments qui fournissent l'un ou l'autre des deux *acides gras essentiels*; vous avez l'embarras du choix car plusieurs en contiennent. N'oubliez cependant pas que plus l'aliment est frais, moins il a été chauffé et transformé, plus il renferme les bons gras en pleine possession de leurs pouvoirs.

Après avoir évalué l'impact des divers gras sur les maladies cardiovasculaires, les cancers et le système immunitaire, nous retenons trois meilleures sources de gras dans notre liste des *bons* gras: les aliments riches en *gras monoinsaturés*, en *acide alpha-linolénique* et en *oméga-3*. Les gras *polyinsaturés* riches en *acide linoléique* ne font pas partie de notre liste prioritaire parce qu'ils font descendre les *HDL* (bon cholestérol) et peuvent nuire au système immunitaire s'ils sont consommés en trop grande quantité. Ce sont de *bons* gras, mais après avoir été le premier choix pendant des années, ils sont actuellement relégués à un rôle complémentaire à cause de leurs actions reconnues ambivalentes.

Quant aux gras *saturés*, diminuez votre consommation. Soyez particulièrement sévère si votre taux de cholestérol est trop élevé.

Le même exercice nous amène à conclure que les aliments riches en gras *hydrogénés* et en huiles *tropicales* sont les *mauvais* gras à mettre de côté.

Au marché

Lorsque vous ferez vos prochains achats, tenez compte des sources des différents gras. Vous avez le choix entre acheter les *bons* gras dans une huile ou avoir recours à une gamme d'aliments sains qui renferment de plus petites quantités des bons gras. La première option fournira probablement plus de gras que la seconde, mais la *qualité* jouera un rôle important en définitive.

Parmi les meilleures sources de gras *monoinsaturés* se trouvent l'huile d'olive extra-vierge, l'huile de canola pressée à froid, l'huile de noisette pressée à froid, l'avocat frais et les amandes.

Parmi les meilleures sources d'*acide alpha-linolénique,* on retrouve l'huile de lin pressée à froid, l'huile de noix pressée à froid, l'huile de soya pressée à froid, le brocoli et tous les légumes verts.

Les meilleures sources de gras *oméga-3* comprennent le saumon et les autres poissons particulièrement gras, mais aussi toute la famille des poissons et des fruits de mer.

Parmi les meilleures sources de gras *polyinsaturés,* de petites quantités d'huiles de tournesol, de maïs, de carthame, de sésame peuvent être intéressantes surtout si elles sont pressées à froid, mais il ne semble pas avantageux d'en utiliser régulièrement ni abondamment.

Parmi les principales sources de gras *saturés,* on trouve le beurre, les crèmes et crèmes glacées, les fromages, les charcuteries, les viandes dont le bœuf, le veau, l'agneau, le porc et les aliments préparés avec ces ingrédients.

Éliminez le plus possible tous les gras *hydrogénés* qui sont les *mauvais* gras. Parmi les principales sources de gras hydrogénés se trouvent les margarines dures et molles[1], les beurres d'arachide réguliers, les frites et les fritures, les craquelins et croustilles, ainsi que divers produits de boulangerie. Lisez attentivement les étiquettes pour déceler la présence de ces gras.

Supprimez également le plus d'aliments riches en huiles *tropicales* (voir page 102).

Pour retrouver les *bons* gras dans d'autres aliments, augmentez vos achats de produits céréaliers *entiers,* qui sont beaucoup plus riches en acides gras essentiels que les produits raffinés. Ne négligez pas les légumineuses, les légumes très verts et les fruits frais. Consommez l'avocat frais car il déborde de *bons* gras. Remplacez les biscuits et craquelins par des noix ou des graines, excellentes sources de gras *essentiels.*

À la cuisine

Utilisez les huiles sous leur meilleure forme, c'est-à-dire *crues* dans les salades ou versées sur les aliments juste après la

---

1. Il existe sur le marché une margarine sans gras hydrogéné, mais savons-nous ce que les études en diront dans 20 ans?

cuisson. Faites cuire vos aliments sur un feu doux et évitez la friture, cuisson extrêmement nocive (voir aussi le chapitre VI). De cette façon, vous réduisez le plus possible la décomposition des acides gras et retenez leur effet bénéfique.

Au chapitre VIII, vous découvrirez d'autres trucs culinaires pour favoriser la qualité sans en abuser.

Adoptez les quantités qui vous conviennent

Vous pouvez adopter le modèle d'une alimentation variée, peu transformée et combler vos besoins réels en acides gras essentiels, soit entre 7 g et 11 g d'acide linoléique et entre 1,1 g et 1,8 g d'acide alpha-linolénique, tout en consommant beaucoup moins que la norme des 30 % des calories de la journée sous forme de matières grasses. Élaborez alors votre menu en incluant chaque jour:

- 5 ou 6 portions de produits céréaliers entiers,
- 3 ou 4 portions de fruits frais,
- 3 ou 4 portions de légumes frais,
- 1 portion de légumineuses,
- 1 portion de viande, de volaille ou de poisson,
- 2 ou 3 portions de produits laitiers allégés (lait et yogourt).

Même sans gras visible, sans huile, sans beurre, sans noix ou graines, vous comblez vos besoins réels en acides gras essentiels et mangez plus de 20 g de gras contenus dans ces aliments de qualité. Bien entendu, cette option est radicale, mais elle peut répondre à vos besoins réels si le choix des aliments est judicieux (voir le modèle sans gras visible du tableau 11).

Vous pouvez également choisir une alimentation moins stricte, qui dépasse vos besoins réels en acides gras essentiels et inclut une petite quantité de gras visible de bonne *qualité*. Tout dépend de votre état de santé.

Ce qu'il faut retenir

Si vous souffrez d'un grave problème cardiovasculaire ou d'un cancer, il est préférable de limiter la quantité totale de gras à vos besoins réels en acides gras essentiels. Votre alimentation sera quasi végétarienne sans gras visible ou presque.

Si vous êtes en bonne santé mais avez un problème de poids, vous pouvez adopter un menu presque aussi strict que le modèle suggéré au tableau 11 et bénéficier d'une perte de poids importante.

Si vous êtes en bonne santé et avez un poids-santé, favorisez la *qualité* des gras à l'intérieur d'un menu riche en grains entiers, en fruits et légumes, en poissons, en volailles et en produits laitiers allégé. Voir les suggestions au tableau 12.

Si vous êtes un amateur de friture, de margarine et de craquelins, sources de mauvais gras, sortez votre calculatrice mais n'attendez pas des miracles.

Il est toujours avantageux de choisir les gras qui vous font du bien: les aliments riches en gras monoinsaturés, en acide alpha-linolénique et en oméga-3.

Il est toujours avantageux de surveiller de plus près les gras qui peuvent susciter des problèmes: les aliments riches en gras saturés.

Il est toujours avantageux d'éliminer le plus possible les huiles tropicales et les gras qui changent le comportement des acides gras essentiels et qui nuisent à votre santé: les aliments riches en gras hydrogénés.

Tableau 11
UN MODÈLE ALIMENTAIRE SANS GRAS VISIBLE[2]

6 portions de produits céréaliers entiers
6 ou 7 portions de légumes et de fruits
3 portions de produits laitiers allégés
1 portion de viande, de volaille ou de poisson
1/2 portion de légumineuses

Groupe	Les bons choix	Gras total (g)	Acides gras linoléique (g)	alpha-linolénique (g)
Produits céréaliers	1 bol de céréales de son	1,2	1,66	0,12
	3 tranches de pain de grains entiers	1,8	0,79	0,06
	250 mL (1 tasse) de riz brun	1,8	0,6	0,03
Légumes	1 pomme de terre au four	0,2	0,05	0,02
	1 portion de brocoli et chou-fleur	0,3	0,03	0,11
	1 salade de laitue romaine	0,2	0,04	0,08
	1 verre de jus d'orange	0,2	0,03	0,01
	1 bol de fraises	0,3	0,08	0,06
	1 poire	0,1	0,03	0
Produits laitiers	1 grand verre de lait 1 %	2,5	0,06	0,03
	1 bon bol de yogourt 0,2 %	1	0,01	0
Viandes et autres protéines	90 g (3 oz) de saumon	7,4	0,16	0,09
	1 bol de fèves soya cuites	7,7	3,85	0,52
TOTAL		24,7	7,39	1,13

Ce menu de 1489 calories renferme moins de 25 g de gras soit 15 % des calories de la journée, dont 4,5 % proviennent de l'acide linoléique et 0,7 % de l'acide alpha-linolénique.

---

2. C'est un modèle strict car il ne contient aucun gras visible. On peut y ajouter de l'huile d'olive et des noix pour augmenter la quantité de bons gras et les calories.

Examinez de plus près les achats de deux personnes.
Comparez le contenu en gras de leurs choix alimentaires.

Tableau 12 LES CHOIX DU MARCHÉ		
Groupe d'aliments	*Les bons choix*	Grammes de gras par portion
Produits céréaliers	1 muffin maison 3 tranches de pain de grains entiers 250 mL (1 tasse) de riz brun 1 bol de céréales de son	3,9 ☺ 1,5 ☺ 1,8 ☺ 1,4 ☺
Légumes et fruits	1 pomme de terre au four 1 portion de brocoli et chou-fleur nature 1/4 avocat 1 salade de laitue romaine 1 verre de jus d'orange 1 bol de fraises	0,2 ☺ 0,2 ☺ 7,5 ☺ 0,2 ☺ 0,2 ☺ 0,3 ☺
Produits laitiers	1 grand verre de lait 1 % 1 bol de yogourt 1,5 % 1 boule de lait glacé	2,5 2,0 3,0
Viandes et substituts	90 g (3 oz) de morue grillée 250 mL (1 tasse) de haricots cuits	4,5 ☺ 1,3 ☺
Matières grasses	10 mL (2 c. à thé) d'huile olive	9,0 ☺
Total de la journée		39,8 g

☺ = bons gras

Tableau 12 (suite) LES CHOIX DU MARCHÉ		
Groupe d'aliments	*Les mauvais choix*	Grammes de gras par portion
Produits céréaliers	1 croissant	12 ☹
	8 craquelins de blé entier	6,2 ☹
	250 mL (1 tasse) de nouilles	
	aux œufs	2,5 ☹
	4 biscuits secs	6,8 ☹
Légumes et fruits	125 mL (1/2 tasse) de frites	
	(10 frites)	10 ☹
	1 feuilleté de légumes	
	au brocoli et chou-fleur	17 ☹
	250 mL (1 tasse) de laitue Iceberg	0,1 ☺
	125 mL (1/2 tasse) de jus d'orange	0,2 ☺
	1 part de tarte aux pommes	13,1 ☹
Produits laitiers	1 grand verre de lait 3,25 %	8,6
	1 bol de yogourt 3,25 %	4,2
	1 boule de crème glacée 16 %	12,5
Viandes et substituts	90 g (3 oz) de bâtonnets	7,5 ☺☹
	de poisson, panés	
	250 mL (1 tasse) de	
	sauce à la viande	10,2
Matières grasses	15 mL (1 c. à soupe) de margarine	11 ☹
	15 mL (1 c. à soupe) de	
	vinaigrette italienne	10,3 ☺
Total de la journée		132,2 g

☺ = bons gras
☹ = mauvais gras

La morale de l'histoire: les «bons choix» du premier menu ne sont pas plus difficiles à acheter ou à cuisiner que les «mauvais choix» du deuxième menu — mais quelle différence: 92,4 grammes de gras et 665 calories de plus dans le second menu!

CHAPITRE V

Des messages qui ne disent pas tout!

Les étiquettes nous parlent de plus en plus, mais elles ne disent pas toute la vérité, rien que la vérité! Elles disent ce que la loi leur permet de dire!

Les fabricants ne se limitent plus à la liste des ingrédients, car la loi canadienne leur permet maintenant d'inscrire un petit message accrocheur tel que *faible en gras, sans gras, faible en gras saturé, sans cholestérol, léger*. Ces allégations captent l'attention, mais elles laissent très souvent perplexes. Que veut vraiment dire *sans cholestérol?* Vaut-il mieux tout acheter *faible en gras* ou *faible en gras saturé?*

Tout d'abord, sachez que les mentions précitées ne sont jamais improvisées par le fabricant; elles se conforment à des normes gouvernementales précises et s'accompagnent toujours d'un tableau d'information nutritionnelle de base.

Pour vous aider à décoder ce nouveau jargon, nous avons décortiqué le tableau général d'information nutritionnelle, passé en revue les allégations permises par la loi canadienne et le plus souvent utilisées en rapport avec les gras. Puis nous sommes allées en magasin pour trouver des exemples bien concrets.

Le tableau d'information nutritionnelle

Tous les aliments dont l'emballage contient un petit message sur le gras ou une autre allégation doivent obligatoirement présenter un tableau d'information nutritionnelle. Le tableau suivant présente, à titre d'exemple, les principaux éléments nutritifs d'un petit muffin.

Tableau 13		
INFORMATION NUTRITIONNELLE		
1. par portion de 50 g (un petit muffin)		
2. Énergie	125	Cal
	520	kJ
3. Protéines	2,2	g
Matières grasses	1,6	g
4. Polyinsaturés	0,7	g
Monoinsaturés	0,4	g
Saturés	0,2	g
Cholestérol	0	mg
Glucides	27	g

1. Les valeurs nutritives du tableau décrivent toujours le contenu d'une portion: un muffin, une tranche de pain, 20 frites, par exemple.

2. L'énergie, le premier élément du tableau, est exprimée sous forme de calories (Cal) ou de kilojoules (kJ). «Calorie» est un terme du système impérial (tout comme les tasses, les onces, les livres...) tandis que «kilojoule» fait partie du système métrique international (tout comme les millilitres, les grammes, les kilogrammes). Pour faire la conversion d'un système à l'autre on multiplie les calories par 4,18, ce qui nous donne le nombre de kilojoules.

3. Le contenu en protéines, en matières grasses et en glucides d'une portion de l'aliment est exprimé en grammes. Ces trois éléments nutritifs fournissent les calories de nos aliments.

4. Lorsque l'emballage porte une allégation concernant le gras, l'étiquette doit présenter une description plus détaillée des différents gras contenus dans l'aliment. Le contenu en gras *saturés, monoinsaturés* et *polyinsaturés* ainsi que le contenu en *cholestérol* apparaissent alors au tableau.

L'allégation «faible teneur en matières grasses»

La mention «faible teneur en matières grasses» signifie qu'une portion de l'aliment ne doit pas fournir plus de 3 g de gras. En faisant la tournée des épiceries et supermarchés, nous avons constaté que l'allégation le plus souvent utilisée n'est pas «faible teneur en matières grasses», mais plutôt «faible en gras» ou «faible teneur en gras». Toutes ces expressions veulent dire la même chose selon la loi.

Nous avons examiné de près l'étiquette du mélange pour muffin au son Robin Hood dit «faible en gras». Nous convenons que la loi est respectée puisqu'un petit muffin préparé avec ce mélange ne fournit que 1,6 g de gras alors que la loi en permettait jusqu'à 3 g.

Liste d'ingrédients: farine de blé, dextrose, sucre, huile végétale, lécithine, mono et diglycérides, *esters polyclycéroliques d'acides gras,* stéaryl 2, gomme arabique, guar.

Muffin au son, faible en gras
Information nutritionnelle
par portion de 50 g
(un petit muffin)

Énergie	125	Cal
	520	kJ
Protéines	2,2	g
Matières grasses	1,6	g
Polyinsaturés	0,7	g
Monoinsaturés	0,4	g
Saturés	0,2	g
Cholestérol	0	mg
Glucides	27	g
Fibres	2,1	g

Pour bien comprendre la transformation de ce muffin, il faut savoir que l'industrie alimentaire a recours à deux méthodes fort différentes pour diminuer la quantité totale de gras. La première consiste à écrémer un aliment en lui retirant du gras, c'est le cas du lait écrémé ou partiellement écrémé. La deuxième méthode consiste à retirer du gras, mais à le remplacer par un gras transformé et des additifs; c'est le cas du muffin Robin Hood «faible en gras».

Si on compare ce muffin «faible en gras» à un petit muffin maison, on constate que le premier contient 3,4 g de moins de gras. Mais cette économie est-elle valable si l'on troque une petite quantité de gras contre une perte d'acides gras essentiels contenus dans l'huile utilisée dans le muffin maison?

Tableau 14
QUELQUES ALIMENTS PORTANT L'ALLÉGATION
«FAIBLE EN GRAS»:

Aliments	Marques
Céréales à déjeuner	All Bran, Cruncheroos, Froot Loops, Frosted Flakes, Fruit Full Bran, Just Right, Mini Wheats, Raisin Bran, Rice Krispies, Special K et Honey Nut de Kellogg's, Apple & Cinnamon Wheats, Balance Multibran, Bran 100 %, Raisin Wheats et Shreddies de Nabisco, Fibre 1 de General Mill's, Corn Pops, Strawberry Wheats, gruau Vieux Moulin Fruity Marshmallow de Krispies
Mélange pour muffins	Robin Hood
Pains	Weight Watchers, Weston
Riz	Minute Rice, grains entiers de Kraft

Nous sommes étonnées de voir qu'une vaste gamme de céréales à déjeuner, certains pains et une marque de riz portent cette allégation, car de façon générale, les produits céréaliers ne sont pas riches en matières grasses et ne contribuent pas aux excès de gras de l'alimentation nord-américaine! De fait, qu'ils portent ou non cette mention, les céréales, le pain et le riz fournissent peu de gras.

Pour l'instant, l'allégation «faible en gras» ne nous semble pas d'un très grand secours.

L'allégation «sans gras»

La mention «sans gras» concerne un aliment qui ne renferme pas plus de 0,1 g de gras par 100 g.

Il est vrai que la vinaigrette Catalina Kraft Libre, sans gras, ne contient aucune trace de gras comparativement à la vinaigrette Catalina régulière de Kraft qui en contient 5 g. Mais regardons la liste d'ingrédients et l'analyse nutritionnelle.

Liste d'ingrédients: eau, sucre, glucose, vinaigre blanc, pâte de tomates, sel, gomme xanthane, sorbate de potassium, alginate de sodium et calcium, jus de citron concentré, arôme, cellulose microcristalline, colorant, gomme cellulosique, épices et assaisonnements, edta de calcium et de sodium.

Catalina Kraft Libre, sans gras
Information nutritionnelle
par portion de 15 mL
(1 c. à soupe)

Énergie	14	Cal
	60	kJ
Protéines	0,2	g
Matières grasses	0	g
Polyinsaturés	0	g
Monoinsaturés	0	g
Saturés	0	g
Glucides	3,1	g

Nous avons comparé les listes d'ingrédients de deux vinaigrettes et avons constaté que la Kraft Libre n'affiche aucune source de gras. Par contre, elle contient plus d'eau, de jus de citron concentré et une foule d'additifs pour remplacer l'huile de canola ou de soya présente dans la vinaigrette régulière.

Est-il réellement avantageux d'éliminer totalement l'huile (source d'acides gras essentiels) de nos vinaigrettes et de la remplacer par des additifs? Encore une fois, troquons-nous la quantité de gras pour une perte de qualité nutritionnelle? Pour relever une salade, notre cœur penche vers une vinaigrette faite avec une bonne huile d'olive et il résiste à la vinaigrette pleine d'additifs.

Tableau 15	
QUELQUES ALIMENTS PORTANT L'ALLÉGATION «SANS GRAS»	
Aliments	**Marques**
Desserts	sorbet Sealtest, pouding Jell-O
Vinaigrettes	Chelton House, Kraft

L'allégation «faible teneur en gras saturé»

La mention «faible teneur en gras saturé» se rapporte à tout aliment qui fournit par portion:
- au plus 2 g d'acides gras *saturés*, et
- au plus 15 % des calories provenant d'acides gras *saturés*.

Prenons l'exemple des frites Superfries de McCain, dites «faibles en gras saturé».

Liste d'ingrédients: pommes de terre, huile végétale partiellement hydrogénée, pyrophosphate, acide de sodium, dextrose.

Superfries de McCain, faibles en gras saturé
Information nutritionnelle
par portion de 100 g (20 frites)

Énergie	158	Cal
	661	kJ
Protéines	2,2	g
Matières grasses	5	g
Polyinsaturés	0,1	g
Monoinsaturés	1,9	g
Saturés	0,8	g
Cholestérol	0	mg
Glucides	26	g

Une portion de ces frites renferme 0,8 g d'acide gras *saturé* qui fournissent 6 % des calories totales contenues dans les frites. Une portion équivalente de frites congelées régulières peut renfermer 4,2 g d'acides gras *saturés* qui fournissent 17 % des calories.

Jusqu'à tout récemment, on préparait les frites en cuisant les pommes de terre dans du saindoux bouillant, un gras animal riche en acide gras *saturé*. Pour diminuer le gras *saturé* des nouvelles frites, McCain utilise maintenant de l'huile végétale partiellement *hydrogénée*. Il résout un problème et en occasionne un autre puisque l'utilisation des gras *hydrogénés* entraîne la formation d'isomères *trans*.

Bien qu'elles soient «faibles en gras saturé», les Superfries demeurent des frites à 5 g de gras la portion, alors qu'une pomme de terre nature en contient cinquante fois moins, soit un dixième de gramme.

Tableau 16 QUELQUES ALIMENTS PORTANT L'ALLÉGATION «FAIBLE EN GRAS SATURÉ»	
Aliments	**Marques**
Craquelins	Biscuits soda, Fins au blé et Croque en blé de Christie
Céréale à déjeuner	Common Sense de Kellogg's
Croustilles	Pringles
Frites	McCain
Huile	Becel
Margarine	Mirador
Mélange à gâteaux	Duncan Hines
Vinaigrettes	Calorie-Wise de Kraft, Hidden Valley

En faisant la tournée des aliments «faibles en gras saturé», nous avons constaté que ceux-ci n'étaient pas nécessairement *faibles en gras*, bien au contraire! Nous avons trouvé la mention «faible en gras saturé» sur des aliments aussi gras que les croustilles, les frites, l'huile, la margarine, les vinaigrettes; plusieurs de ces aliments sont même préparés avec du gras *hydrogéné*...

L'allégation «sans cholestérol»

Les aliments qui portent la mention «sans cholestérol» se vendent mieux que jamais, et pourtant ils ne fournissent pas une solution adéquate aux problèmes des personnes qui veulent voir baisser leur taux de cholestérol et vivre en meilleure santé. Cette allégation se rapporte à un aliment qui ne contient:

- pas plus de 3 mg de *cholestérol* par 100 g, et
- qui est faible en *acides gras saturés* (pas plus de 2 g d'acides gras saturés et pas plus de 15 % des calories provenant des acides gras saturés).

Nous avons choisi d'examiner la sauce à salade Miracle Whip légère, sans cholestérol qui, de fait, ne contient pas de cholestérol et très peu d'acides gras saturés.

Liste d'ingrédients: eau, huile de canola, sucre, vinaigre, amidon de maïs modifié, sel, cellulose microstalline, caséinate de sodium, farine de moutarde, blanc d'œufs, gomme xanthane, arôme, colorant, épices, edta.

Miracle Whip légère, sans cholestérol
Information nutritionnelle
par portion de 15 mL
(1 c. à soupe)

Énergie	43	Cal
	180	kJ
Protéines	0	g
Matières grasses	3,8	g
Polyinsaturés	1,1	g
Monoinsaturés	2,2	g
Saturés	0,2	g
Cholestérol	0	mg
Glucides	2,3	g

Pour éliminer le cholestérol de la sauce Miracle Whip, Kraft a remplacé les jaunes d'œufs riches en cholestérol par des blancs d'œufs qui n'en contiennent aucune trace. Cette substitution permet aussi de faire une économie de 3 g de gras. Ce type de substitution nous paraît intéressant et peut s'adapter à une foule de recettes maison.

Tableau 17	
QUELQUES ALIMENTS PORTANT L'ALLÉGATION «SANS CHOLESTÉROL»	
Aliments	**Marques**
Craquelins	Biscottes, Pains bâton et Melba de Grissol, Melba de Old London, Biscuits soda, Fins au blé et Croque en blé de Christie
Céréales à déjeuner	Apple & Cinnamon Wheats, Shredded Wheat'n Bran, Raisin Wheats de Nabisco, Fibre 1 de General Mill's, gruau Vieux Moulin
Croustilles	Pringles Légères
Huiles	Crisco, Primo, Unico, Bertolli, Maestro, Pastene, Préférence, Mazola, Becel, Sun Queen
Margarines	Country Crock, Fleishmann's, Mirador, Thibault
Mélange à gâteaux	Duncan Hines
Mélanges à muffins	Duncan Hines, Betty Crocker
Pains	Bon Matin, Diana, Gailuron, Moisson, St-Méthode, Weight Watchers, Weston
Poudings	Moment Magique, Touche Légère
Riz	grains entiers de Uncle Ben's
Sauces à salade	Hellmann's Légère, Kraft Légère et Miracle Whip Légère, Préférence Légère, Weight Watchers
Vinaigrettes	Calorie-Wise et Libre de Kraft
Autre	Pam

Toutefois, cette allégation se retrouve très souvent sur des aliments riches en gras, qui n'ont *jamais* eu de trace de cholestérol, mais qui ne sont pas nécessairement bons pour les artères. Quelle confusion!

Avant de consommer un aliment «sans cholestérol», soyez prudent et n'oubliez pas que le cholestérol se trouve exclusivement dans les aliments d'origine *animale*. L'huile végétale, quelle qu'elle soit (olive, tournesol, soya, arachide, etc.), n'en a jamais contenu.

L'allégation «léger» ou «allégé»

Les allégations «léger», «légère» ou «allégé» veulent dire bien des choses. Elles peuvent décrire différents éléments:

1. Des aspects physiques de l'aliment comme la couleur, la texture, le goût; par exemple:

   - le rhum brun *léger* quand il s'agit de la couleur,
   - le souper *léger* High Liner, à saveur et texture légères,
   - l'huile d'olive *Extra Light* de Bertolli, au goût extra-léger.

Dans le cas de l'huile d'olive Extra Light, le message en a déjoué plusieurs puisque cette huile contient autant de calories et de gras que la régulière. Seule sa saveur est plus légère par suite d'un raffinage plus important.

HUILE D'OLIVE BERTOLLI
Information nutritionnelle
par portion de 15 mL
(1 c. à soupe)

	Régulière	Extra Light au goût extra-léger
Énergie	115 cal	115 cal
	480 kJ	480 kJ
Protéines	0 g	0 g
Matières grasses	12,8 g	12,8 g
Polyinsaturés	1,2 g	1,2 g
Monoinsaturés	9,8 g	9,8 g
Saturés	1,8 g	1,8 g
Cholestérol	0 mg	0 mg
Glucides	0 g	0 g

2. Les caractéristiques nutritionnelles du produit:

   - la valeur en calories: le Jell-o Léger, réduit en calories,
   - la teneur en sel (sodium): le bouillon concentré Lipton, léger en sel,

- la teneur en sucre: la garniture légère aux fruits de Vachon,
- la teneur en gras: le yogourt Béatrice léger, 0,5 % m.g.

L'utilisation du terme *léger* doit alors répondre à des normes bien spécifiques. En ce qui concerne les matières grasses, l'allégation peut être utilisée pour décrire deux types d'aliments différents:

- un aliment *à faible teneur en matières grasses*. Souvenez-vous du petit muffin au son Robin Hood «faible en gras» parce qu'il contenait moins de 3 g de gras par portion. Son emballage aurait tout aussi bien pu porter l'allégation «léger»;
- un aliment *dont on a réduit la teneur en matières grasses d'au moins 25 % si on le compare avec l'aliment régulier*. Regardez l'étiquette du fromage Cheez Whiz Léger qui porte l'allégation 30 % moins de gras que le produit régulier; ce fromage «léger» contient 4,8 g de gras tandis que le Cheez Whiz régulier en renferme 7,2 g. L'allégation «léger» est bien méritée.

Cheez Whiz Léger
Information nutritionnelle
par portion de 30 g

Énergie	77	Cal
	232	kJ
Protéines	5,5	g
Matières grasses	4,8	g
Polyinsaturés	0,2	g
Monoinsaturés	1,4	g
Saturés	2,7	g
Cholestérol	17	mg
Glucides	3	g

Mais tout cela est confus pour vous? Pour nous aussi! Le terme «léger» a tellement de significations différentes qu'il est difficile de s'y fier sans réfléchir plusieurs minutes devant l'étiquette.

Tableau 18 QUELQUES ALIMENTS PORTANT L'ALLÉGATION «LÉGER» OU «ALLÉGÉ»	
Aliments	**Marques**
Beurre	Lactantia
Craquelins	Croustipain de Wasa, Grilles mignon de Auga
Charcuterie	La Bonne Fourchette de Lafleur
Croustilles	Pringles
Confiture	Double-Fruits
Crème glacée	Québon
Fromages	Kraft, La vache qui rit
Garniture aux fruits	Vachon
Maïs à éclater	Pop-Secret de Betty Crocker, Jiffy Pop, Orville Redenbachers
Mayonnaises	Hellmann's, Kraft, Préférence
Pain	Gailuron
Pouding	Jell-O, Touche Légère, Weight Watchers
Repas congelés	Souper Léger de High Liner, Léger Délice de McCain
Sauce à salade	Kraft
Vinaigrettes	Chelton House, Newman's own, Hidden Valley
Yogourts	Yoplait, Sealtest, Silhouette

Les allégations «pur», «pur à 100 %», «100 %»

Les expressions «pur», «pur à 100 %», et «100 %» peuvent signifier différentes choses:

• L'aliment n'est pas contaminé, ni falsifié et il ne contient que les substances ou les ingrédients auxquels on s'attend.

L'huile de maïs «pure à 100 %» ne contient que de l'huile de maïs et ne peut renfermer aucun agent de conservation, ni colorant... L'huile végétale pure, bien qu'elle se compose d'une huile végétale ou d'un mélange d'huiles végétales non identifiées, ne peut renfermer aucun autre ajout particulier. Toutefois la liste d'ingrédients nous réserve parfois quelques surprises comme l'huile de soya 100 % des magasins Métro, qui contient de l'huile de soya et quelques additifs (gallate de propyle, acide citrique)!

• Un des ingrédients qui composent le produit est «pur à 100%».

La mention «fait d'huile de soya à 100 %» retrouvée sur la margarine Lactantia ne veut pas dire que la margarine est faite uniquement d'huile de soya. De fait, cette margarine contient 80 % d'huile de soya liquide et hydrogénée, du babeurre et du lactosérum (solides non gras 1,4 %), du sel, des monoglycérides végétales, de la lécithine de soya, du sorbate de potassium, des cultures lactiques, du bêta-carotène, du BHA, du BHT, du palmitate de vitamine A et de vitamine D_3.

Les étiquettes et leur petit message accrocheur respectent bien la loi, mais elles sont loin de dire toute la vérité et ne nous guident pas vraiment vers les meilleurs gras.

CHAPITRE VI

L'offre du marché

Chaque semaine, vous faites des choix à l'épicerie, à la maison et au restaurant. Vous avez lu les cinq premiers chapitres, mais vous vous demandez encore quel gras choisir ou ne pas choisir.

Ce chapitre présente des fiches techniques sur les principaux gras visibles. Vous y trouverez la sorte d'acides gras qui donne son caractère à l'huile ou au gras, son impact nutritionnel ainsi que les meilleures façons de cuisiner et de conserver ces gras.

Le beurre

Le beurre est présent depuis très longtemps dans les habitudes alimentaires de l'homme. Il trouve sa place dans diverses cuisines, mais semble toujours le roi de la cuisine française (voir «Le paradoxe français», au chapitre IV).

Fabrication

On peut faire du beurre à la maison avec de la crème fraîche très froide que l'on bat jusqu'à ce que les molécules commencent à s'agglomérer et que la masse devienne compacte. On se débarrasse ensuite de la partie liquide, le babeurre, et on conserve la partie solide, le beurre. La fabrication industrielle se fait sensiblement de la même façon.

Impact nutritionnel

Valeur nutritive: 10 g (2 c. à thé) fournissent:
                                    72 calories
                                    8,1 g de gras
                                    0,3 g de gras polyinsaturés
                                    2,4 g de gras monoinsaturés
                                    5 g de gras **saturés**

Cholestérol: 22 mg
Vitamine E: 0

Effets sur le cholestérol sanguin: fait monter le cholestérol total et
                                    les LDL (mauvais cholestérol).

Différents beurres

Le beurre *léger*[1] renferme deux fois moins de gras et de calories que le beurre régulier.

Le beurre *demi-sel* renferme 50 % moins de sel que le beurre régulier.

Le beurre *doux* ou *non salé* ne contient aucun sel ajouté.

Le beurre *de culture* est un beurre *non salé* additionné de culture bactérienne avant le barattage.

Le beurre *assaisonné* est un beurre régulier additionné de condiments tels que herbes ou épices durant la fabrication.

Le beurre *fouetté* est un beurre régulier qui a été baratté de façon à y laisser pénétrer l'air, ce qui a pour effet d'augmenter son volume et de le rendre plus doux et plus crémeux.

---

1. Type «Pur et sain».

Les margarines

Croyez-le ou non, la margarine a vu le jour lors d'un concours lancé par Napoléon III pour trouver «un produit propre à remplacer le beurre», car ce dernier ne répondait plus à la demande. Bien que la production commerciale de la margarine ait débuté vers la fin du XIXe siècle, les Français n'ont vraiment adopté ce produit que tout récemment (voir «Le paradoxe français», au chapitre IV).

Fabrication

De nos jours, la majorité des margarines sont fabriquées à partir d'huiles végétales *raffinées* qui subissent une deuxième série de transformations pour passer de l'état liquide à l'état semi-solide.

Pour obtenir la bonne consistance et une certaine stabilité, l'huile de départ est *hydrogénée*. Ce procédé transforme partiellement des huiles *polyinsaturées* (maïs ou tournesol) ou *monoinsaturées* (canola) et suscite la formation d'une nouvelle sorte de gras, les isomères *trans* qui adoptent un comportement semblable à celui des gras *saturés*.

On y ajoute des agents de conservation, des antioxydants, des additifs, des arômes naturels et artificiels, des colorants naturels ou artificiels.

Impact nutritionnel

Valeur nutritive[2]:	10 g (2 c. à thé) fournissent:
	71 calories
	8 g de gras
	3,3 g de gras **polyinsaturés**
	3,2 g de gras **monoinsaturés**
	1,4 g de gras saturés
Cholestérol:	aucune trace
Vitamine E:	0,7 mg (alpha-tocophérol)
Effets sur le cholestérol sanguin:	des recherches récentes démontrent que les isomères *trans* présents dans les margarines font monter les LDL (mauvais cholestérol) et baisser les HDL (bon cholestérol). L'étude du

---

2. Pour une margarine à l'huile de soya.

Dr Walter Willett menée pendant huit ans auprès de plus de 80 000 infirmières (voir le chapitre II) a indiqué que 20 g (4 c. à thé) de margarine par jour augmentaient de 60 % les risques de maladies cardiovasculaires[3].

Réglementation canadienne

Selon la *Loi des aliments et drogues*, les fabricants ne sont pas tenus de déclarer le contenu en gras *trans* de leur margarine.

Margarines *dures* ou *molles*

Ces deux types de margarine contiennent le même nombre de calories et la même quantité de gras; seuls la consistance et le degré d'*hydrogénation* sont différents: une margarine dure est presque deux fois plus hydrogénée qu'une margarine molle.

Plus une margarine est dure, plus elle est hydrogénée, plus elle risque de faire monter le taux des LDL (mauvais cholestérol) et d'augmenter les risques de maladies cardiovasculaires.

Margarines non hydrogénées

Certaines margarines sont fabriquées *sans hydrogénation*. Une partie de l'huile est fractionnée, cristallisée et mélangée à d'autres huiles dont l'huile de palme, une huile tropicale *saturée*. Cette méthode de fabrication semble avantageuse pour l'instant, mais nous n'en connaissons pas l'impact à long terme.

Margarines hypocaloriques

Ces margarines dites «légères» renferment deux fois moins d'huile et beaucoup plus d'eau que les margarines régulières. Elles fournissent deux fois moins de gras et deux fois moins de calories.

Margarines hyposodées

Ces margarines contiennent autant de calories et de gras qu'une margarine régulière, mais elles renferment cent fois moins de sel. Certaines margarines dites «demi-sel» contiennent deux ou trois fois moins de sel qu'une margarine régulière, mais autant de gras.

---

3. *Lancet*, n⁰ 341, p. 581-585, mars 1993.

Les huiles raffinées

Une huile *raffinée*[4] se compare à une farine *blanche* qui a subi diverses transformations et des pertes nutritives; une huile *pressée à froid*[5] se compare à une farine *de blé entier moulue sur pierre* qui a subi un minimum de transformations et de pertes nutritives.

Fabrication

Les fabricants d'huiles raffinées utilisent habituellement des graines cultivées de façon classique avec des agents fertilisants et des pesticides. Celles-ci sont ensuite décortiquées, puis chauffées entre 80 °C et 120 °C, ce qui permet d'extraire une quantité maximale d'huile; l'extraction se fait à l'aide d'un solvant.

À ce stade, l'huile obtenue est *brute* et impropre à la consommation, car elle contient encore du solvant et des substances dites indésirables parce que vulnérables au rancissement. Elle subit alors un ensemble de traitements physiques et chimiques dont plusieurs se font à des hautes températures: dégommage, raffinage, décoloration, désodorisation et parfois hydrogénation. L'huile est ensuite embouteillée.

Effets du raffinage

Toutes les étapes énumérées précédemment affectent la qualité des huiles; elles nous permettent de les conserver plus facilement dans l'armoire, mais les rendent moins nutritives pour l'organisme. Il y a perte de vitamine E, de lécithine, de stérols, de pigments, de phénols et d'autres constituants qui ont un rôle à jouer dans notre corps. *Ce sont des petits riens qui font tout* souligne le professeur Jacotot dans son livre sur l'huile d'olive[6]. Il y a également une petite dose additionnelle d'isomères *trans* dont la présence n'est jamais convoitée. Le dossier n'est pas complet mais la recherche se poursuit.

---

4. Les huiles vendues dans les épiceries sont habituellement raffinées.
5. L'allégation «pressée à froid» n'est pas réglementée et ne protège pas le consommateur. Voir toutefois les résultats d'analyses récentes à la page suivante.
6. B. Jacotot, *L'huile d'olive de la gastronomie à la santé*, Paris, Éditions Artulen, 1992, p.99.

Les huiles pressées à froid

Depuis plus de dix ans, les huiles pressées à froid font parler d'elles, mais elles n'ont pas fait l'objet de recherches importantes, l'huile d'olive étant l'exception à la règle. Pour en connaître plus long, nous avons procédé à deux séries d'analyses sur l'huile de tournesol, la première en 1989[7], et la seconde à l'été 1992[8], menée en collaboration avec le département de nutrition de l'Université de Montréal.

Malgré les différences qui peuvent exister entre une huile *raffinée* et une huile *pressée à froid,* aucune réglementation ne «protège» cette dernière. Dès 1989, les analyses effectuées dans deux laboratoires sur cinq échantillons non identifiés ont permis de déceler deux *fausses* huiles pressées à froid sur quatre huiles étiquetées comme telles. Le consommateur a de quoi se plaindre.

Par ailleurs, l'huile pressée à froid n'est pas nouvelle puisqu'elle est fabriquée de cette façon depuis des siècles. On la décrit aujourd'hui selon certains critères:

- les graines doivent être cultivées sans engrais chimique, pesticides, ou herbicides, selon les principes d'une culture biologique;
- l'extraction doit se faire mécaniquement et lentement pour limiter la friction et l'élévation de la température à plus de 60 °C;
- l'huile doit être ensuite décantée, puis filtrée et embouteillée.

Elle ne subit ni dégommage, ni raffinage, ni décoloration, ni désodorisation.

---

7. L. Lambert-Lagacé et D. Lamontagne, «Les huiles pressées à froid», *Diététique en action,* vol. 4, n° 1, 1990.
8. Article sous presse.

Impact nutritionnel

Les analyses de 1992 font ressortir certains avantages d'une huile de tournesol pressée à froid comparativement à celle qui est raffinée.

L'huile pressée à froid contient significativement:

- plus d'alpha-tocophérol, la vitamine E la plus active;
- plus de gamma-tocophérol, une autre forme de vitamine E;
- plus de bêta-sitostérol, un ingrédient qui bloque l'absorption du cholestérol et qui a longtemps fait partie d'un médicament pour faire baisser le cholestérol;
- moins d'isomères *trans*.

Ces résultats ne disent pas tout, mais ils confirment les qualités supérieures d'une huile vraiment *pressée à froid*.

L'huile de noisette

Points de vente

Les épiceries régulières ne vendent pas cette huile.

On peut se la procurer dans les épiceries fines sous sa forme régulière ou raffinée[9] et dans les magasins d'aliments naturels sous sa forme pressée à froid[10].

Composition

Acides gras polyinsaturés:	11 % (acide linoléique)
*Acides gras **monoinsaturés:***	79 %
Acides gras saturés:	7 %

Impact nutritionnel

Valeur nutritive:	10 mL (2 c. à thé) renferment:
	80 calories
	9,1 g de gras
	0,7 g de gras saturés
	7,1 g de gras **monoinsaturés**
	0,9 g de gras polyinsaturés
Cholestérol:	aucune trace
Vitamine E:	4,7 mg (alpha-tocophérol)
Effets sur le cholestérol sanguin:	fait baisser les LDL (mauvais cholestérol) et protège les HDL (bon cholestérol).

Utilisations culinaires

Sans cuisson, cuisine froide:	s'utilise dans les vinaigrettes pour salades fines; peut se mélanger au beurre, moitié-moitié pour une tartinade santé.
Cuisson, chaleur directe (poêlon):	à utiliser sur feu doux.
Cuisson, chaleur indirecte (four):	s'utilise dans les produits de boulangerie tels que les crêpes, les

---

9. Une huile raffinée est une huile régulière qui a été chauffée, décolorée, désodorisée.
10. L'allégation «pressée à froid» n'est pas réglementée et ne protège pas le consommateur. Voir toutefois les résultats d'analyse récentes à la page 78.

muffins, les pains, les gâteaux, les biscuits, la croûte de biscuits Graham.

A une saveur caractéristique.

Conservation

- Acheter l'huile en petite quantité.
- Protéger de la lumière et conserver dans une bouteille sombre.
- Protéger de l'air et refermer la bouteille après utilisation.
- Conserver dans un endroit frais si l'huile est pressée à froid.
- Vérifier la date d'expiration.

Remarque: L'huile de noisette coûte cher.

L'huile d'olive

Points de vente

Dans les épiceries, l'huile d'olive se retrouve sous plusieurs formes:

- l'huile d'olive *pure* signifie une huile *raffinée* mélangée avec de 5 % à 10 % d'huile *vierge*;
- l'huile d'olive *vierge* ou *extra-vierge* signifie une huile pressée à froid, donc qui n'a subi aucun traitement de chaleur. L'*extra-vierge* correspond à la meilleure qualité et à une *première pression à froid*[11];
- l'huile d'olive *à saveur légère* correspond à une huile chauffée et *raffinée*.

Plusieurs marques, dont Pastene, Bertolli, Filippo Berio, offrent toute la gamme des huiles d'olive, des *pures* aux *extra-vierges*. D'où l'importance de bien lire l'étiquette.

Composition

Acides gras polyinsaturés:	9 % (dont 8 % d'acide linoléique et 1 % d'acide alpha-linolénique)
*Acide gras **monoinsaturés:***	76 %
Acides gras saturés:	15 %

Impact nutritionnel

Valeur nutritive:	10 mL (2 c. à thé) renferment:
	80 calories
	9 g de gras
	1,2 g de gras saturés
	6,6 g de gras **monoinsaturés**
	0,6 g de gras polyinsaturés
Cholestérol:	aucune trace
Vitamine E:	1,1 mg (alpha-tocophérol)[12]
Effets sur le cholestérol sanguin:	fait baisser les LDL (mauvais cholestérol) et protège les HDL (bon cholestérol).

---

11. Les allégations «extra-vierge» ou «vierge» sont des termes réglementés pour l'ensemble de la communauté européenne; l'allégation «première pression à froid» n'est pas réglementée au Canada.
12. L'alpha-tocophérol est la forme la plus active de vitamine E.

Utilisations culinaires

Sans cuisson, cuisine froide: s'utilise dans les vinaigrettes pour salade et les marinades; se mélange avec jus de citron pour arroser poissons et fruits de mer; se mélange avec ail et basilic pour obtenir le fameux *pistou*.

Cuisson, chaleur directe (poêlon): peut servir pour dorer légumes, volailles, viandes et poissons; résiste mieux à la chaleur lorsqu'elle est *extra-vierge* parce qu'elle contient encore des substances protectrices qui disparaissent lors du raffinage.

Cuisson, chaleur indirecte (four): badigeonner sur pâte à pizza ou sur pain avec un peu d'ail.

Conservation

- Acheter en petite quantité.
- Protéger de la lumière et conserver dans une bouteille sombre.
- Protéger de l'air et refermer la bouteille immédiatement après utilisation.
- Conserver dans un endroit frais, mais pas au réfrigérateur.
- Vérifier la date d'expiration.

L'huile de canola[13]

Points de vente

Dans les épiceries sous la forme régulière ou raffinée et dans les magasins d'aliments naturels sous la forme pressée à froid[14].

Composition

Acides gras polyinsaturés:	36 % (dont 26 % d'acide linoléique et 10 % d'acide alpha-linolénique)
*Acides gras **monoinsaturés**:*	58 %
Acides gras saturés:	6 %

Impact nutritionnel

Valeur nutritive:	10 mL (2 c. à thé) renferment:
	83 calories
	9,2 g de gras
	0,6 g de gras saturés
	5,8 g de gras **monoinsaturés**
	2,8 g de gras polyinsaturés
Cholestérol:	aucune trace
Vitamine E:	1,9 mg[15] (alpha-tocophérol)
Effets sur le cholestérol sanguin:	fait baisser les LDL (mauvais cholestérol) et protège les HDL (bon cholestérol).

Utilisations culinaires

Sans cuisson, cuisine froide:	s'utilise dans les vinaigrettes ou les marinades.
Cuisson, chaleur directe (poêlon):	peut servir pour dorer volaille, légumes, poissons et fruits de mer.
Cuisson, chaleur indirecte (four):	s'utilise dans les produits de boulangerie: muffins, gâteaux, pains.

---

13. L'huile de canola est une huile de colza améliorée.
14. L'allégation «pressée à froid» n'est pas réglementée et ne protège pas le consommateur. Voir toutefois les résultats d'analyses récentes à la page 78.
15. Valeur pour une huile de canola raffinée.

Conservation

- Acheter en petite quantité.
- Protéger de la lumière et conserver dans une bouteille sombre.
- Protéger de l'air et refermer la bouteille après utilisation.
- Conserver dans un endroit frais.
- Vérifier la date d'expiration s'il y a lieu.

L'huile d'arachide

Points de vente

Dans les épiceries sous la forme régulière ou raffinée et dans les magasins d'aliments naturels sous la forme pressée à froid[16].

Composition

Acides gras polyinsaturés:	34 % (acide linoléique)
*Acides gras **monoinsaturés:***	48 %
Acides gras saturés:	18 %

Impact nutritionnel

Valeur nutritive:	10 mL (2 c. à thé) renferment:
	90 calories
	10 g de gras
	1,9 g de gras saturés
	4,5 g de gras **monoinsaturés**
	3,6 g de gras polyinsaturés
Cholestérol:	aucune trace
Vitamine E:	1,1 mg[17] (alpha-tocophérol)
Effets sur le cholestérol sanguin:	on a effectué peu d'études concernant cette huile.

Utilisations culinaires

Sans cuisson, cuisine froide:	s'utilise dans les vinaigrettes et les marinades.
Cuisson, chaleur directe (poêlon):	peut servir pour dorer volailles, poissons, légumes à la chinoise.
Cuisson, chaleur indirecte (four):	s'utilise dans les produits de boulangerie: muffins, gâteaux, crêpes, pains, biscuits.

A une saveur caractéristique.

---

16. L'allégation «pressée à froid» n'est pas réglementée et ne protège pas le consommateur. Voir toutefois les résultats d'analyses récentes à la page 78.
17. Valeur pour une huile d'arachide raffinée.

Conservation

- Acheter en petite quantité.
- Protéger de la lumière et conserver dans une bouteille sombre.
- Protéger de l'air et refermer la bouteille après utilisation.
- Conserver dans un endroit frais.
- Vérifier la date d'expiration s'il y a lieu.

L'huile de sésame

Points de vente

Dans les épiceries chinoises ou orientales sous la forme raffinée et dans les magasins d'aliments naturels sous la forme pressée à froid[18].

Composition

*Acides gras **polyinsaturés:***	44 %
Acides gras monoinsaturés:	41 %
Acides gras saturés:	15 %

Impact nutritionnel

Valeur nutritive:	10 mL (2 c. à thé) renferment: 80 calories 9,1 g de gras 1,3 g de gras saturés 3,6 g de gras monoinsaturés 3,8 g de gras **polyinsaturés**
Cholestérol:	aucune trace
Vitamine E:	0,15 mg[19] (alpha-tocophérol)
Effets sur le cholestérol sanguin:	il y a peu de données sur l'impact de cette huile, mais on peut supposer que sa composition intéressante ait de bons effets.

Utilisations culinaires

Sans cuisson, cuisine froide:	peut ajouter une saveur caractéristique à des salades de fèves germées ou autres.
Cuisson, chaleur directe (poêlon):	à utiliser en petite quantité dans la cuisson au wok pour des plats asiatiques.

---

18. L'allégation «pressée à froid» n'est pas réglementée et ne protège pas le consommateur. Voir toutefois les résultats d'analyses récentes à la page 78.
19. Valeur pour une huile de sésame raffinée.

Cuisson, chaleur indirecte (four): s'utilise dans les produits de boulangerie.

A une saveur caractéristique.

Conservation
- Acheter en petite quantité.
- Protéger de la lumière et conserver dans une bouteille sombre.
- Protéger de l'air et refermer la bouteille après utilisation.
- Conserver dans un endroit frais; conserver au réfrigérateur si l'huile est pressée à froid.
- Vérifier la date d'expiration s'il y a lieu.

L'huile de carthame

Points de vente

Dans les épiceries sous la forme régulière ou raffinée et dans les magasins d'aliments naturels sous la forme pressée à froid[20].

Composition

*Acides gras **polyinsaturés**:*	78 % (acide linoléique et quelques traces d'acide alpha-linolénique)
Acides gras monoinsaturés:	13 %
Acides gras saturés:	9 %

Impact nutritionnel

Valeur nutritive:	10 mL (2 c. à thé) renferment:
	80 calories
	9 g de gras
	0,8 g de gras saturés
	1,1 g de gras monoinsaturés
	6,8 g de gras **polyinsaturés**
Cholestérol:	aucune trace
Vitamine E:	3,4 mg[21] (alpha-tocophérol)
Effets sur le cholestérol sanguin:	comme toute huile riche en gras polyinsaturés, elle fait baisser le cholestérol total y compris les HDL (bon cholestérol).

Utilisations culinaires

Sans cuisson, cuisine froide:	s'utilise dans les vinaigrettes et certains desserts.
Cuisson, chaleur directe (poêlon):	n'est pas appropriée pour la cuisson à la chaleur directe.
Cuisson, chaleur indirecte (four):	s'utilise dans les produits de boulangerie: pains, gâteaux, muffins.

A une saveur très douce.

---

20. L'allégation «pressée à froid» n'est pas réglementée et ne protège pas le consommateur. Voir toutefois les résultats d'analyses récentes à la page 78.
21. Valeur pour une huile de carthame raffinée.

Conservation
- Acheter en petite quantité.
- Protéger de la lumière et conserver dans une bouteille sombre.
- Protéger de l'air et refermer la bouteille après utilisation.
- Conserver au réfrigérateur si pressée à froid; sinon conserver dans un endroit frais.
- Vérifier la date d'expiration s'il y a lieu.

L'huile de noix

Points de vente

On ne vend pas d'huile de noix dans les épiceries régulières; on peut parfois en trouver dans les épiceries fines sous la forme régulière ou raffinée et dans les magasins d'aliments naturels sous la forme pressée à froid[22].

Composition

*Acides gras **polyinsaturés**:*	66 % (dont 55 % d'acide linoléique et 11 % d'acide alpha-linolénique)
Acides gras monoinsaturés:	23 %
Acides gras saturés:	9 %

Impact nutritionnel

Valeur nutritive:	10 mL (2 c. à thé) renferment:
	80 calories
	9,1 g de gras
	0,8 g de gras saturés
	2,1 g de gras monoinsaturés
	5,7 g de gras **polyinsaturés**
Cholestérol:	aucune trace
Vitamine E:	0,07 mg[23] (alpha-tocophérol)
Effets sur le cholestérol sanguin:	fait baisser le cholestérol total y compris les HDL (bon cholestérol).

Utilisations culinaires

Sans cuisson, cuisine froide:	s'utilise dans les vinaigrettes; s'incorpore à la *crème Budwig*[24].
Cuisson, chaleur directe (poêlon):	n'est pas appropriée pour la cuisson.

---

22. L'allégation «pressée à froid» n'est pas réglementée et ne protège pas le consommateur. Voir toutefois les résultats d'analyses récentes à la page 78.
23. Valeur pour une huile de noix raffinée.
24. Fameuse recette de petit déjeuner créée par le Dr Kousmine.

Cuisson, chaleur indirecte (four): utiliser plutôt de l'huile de *noisette.*
A une saveur caractéristique recherchée.

Conservation
- Acheter en petite quantité.
- Protéger de la lumière et conserver dans une bouteille sombre.
- Protéger de l'air et refermer la bouteille immédiatement après utilisation.
- Conserver au frais; conserver au réfrigérateur si pressée à froid.
- Vérifier la date d'expiration.

Remarque: Cette huile coûte cher.

L'huile de lin

Points de vente

On ne trouve pas d'huile de lin dans les épiceries régulières.

On peut se procurer cette huile dans les magasins d'aliments naturels sous la forme pressée à froid[25].

Composition

*Acides gras **polyinsaturés**:*	68 % (dont 14 % d'acide linoléique et 54 % d'acide alpha-linolénique)
Acides gras monoinsaturés:	21 %
Acides gras saturés:	9 %

Impact nutritionnel

Valeur nutritive:	10 mL (2 c. à thé) renferment:
	80 calories
	9,1 g de gras
	0,9 g de gras saturés
	1,8 g de gras monoinsaturés
	6,0 g de gras **polyinsaturés**
Cholestérol:	aucune trace
Vitamine E:	valeur inconnue
Effets sur le cholestérol sanguin:	on a effectué peu d'études sur ce produit.
Autre particularité:	l'huile de lin se distingue des autres huiles par son contenu appréciable d'acide alpha-linolénique, qui semble avoir une action intéressante sur le système immunitaire.

---

25. L'allégation «pressée à froid» n'est pas réglementée et ne protège pas le consommateur. Voir toutefois les résultats d'analyses récentes en page 78.

Utilisations culinaires

Sans cuisson, cuisine froide: s'utilise dans les vinaigrettes; se mélange avec un fromage blanc maigre et sert de tartinade; fait partie de la recette classique de *crème Budwig*[26].

Cuisson, chaleur directe (poêlon): résiste très mal à la chaleur; n'est pas appropriée pour la cuisson.

Cuisson, chaleur indirecte (four): n'est pas conseillée dans les aliments cuits au four.

A une saveur caractéristique.

Conservation

- Acheter de très petites quantités à la fois.
- Protéger de la lumière et conserver dans une bouteille sombre.
- Protéger de l'air et refermer la bouteille après utilisation.
- Conserver au réfrigérateur, pour un maximum de deux mois suivant l'achat.
- Vérifier la date d'expiration.

Remarque: L'huile de lin coûte cher et rancit rapidement.

---

26. Fameuse recette de petit déjeuner créée par le Dr Kousmine.

L'huile de tournesol

Points de vente

Dans les épiceries sous la forme régulière ou raffinée et dans les magasins d'aliments naturels sous la forme pressée à froid[27].

Composition

*Acides gras **polyinsaturés:***	69 % (acide linoléique)
Acides gras monoinsaturés:	20 %
Acides gras saturés:	11 %

Impact nutritionnel

Valeur nutritive:	10 mL (2 c. à thé) renferment:
	83 calories
	9,2 g de gras
	1,2 g de gras saturés
	1,5 g de gras monoinsaturés
	6,5 g de gras **polyinsaturés**
Cholestérol:	aucune trace
Vitamine E:	4,1 mg[28] (alpha-tocophérol)
Effets sur le cholestérol sanguin:	fait baisser le cholestérol total y compris les HDL (bon cholestérol).

Utilisations culinaires

Sans cuisson, cuisine froide:	s'utilise dans les vinaigrettes et les marinades.
Cuisson, chaleur directe (poêlon):	à cuire sur feu doux, cette huile supportant mal les températures élevées.
Cuisson, chaleur indirecte (four):	s'utilise dans les produits de boulangerie: muffins, gâteaux, pains, biscuits.

Remarque: l'huile de tournesol a une saveur très douce.

---

27. L'allégation «pressée à froid» n'est pas réglementée et ne protège pas le consommateur. Voir toutefois les résultats d'analyses récentes en page 78.
28. Valeur pour une huile de tournesol raffinée.

Conservation
- Acheter en petite quantité.
- Protéger de la lumière et conserver dans une bouteille sombre.
- Protéger de l'air et refermer la bouteille immédiatement après utilisation.
- Conserver au réfrigérateur si pressée à froid; sinon garder au frais.
- Vérifier la date d'expiration s'il y a lieu.

L'huile de maïs

Points de vente

Dans les épiceries sous la forme régulière ou raffinée et dans certains magasins d'aliments naturels sous la forme pressée à froid[29].

Composition

*Acides gras **polyinsaturés**:*	62 % (dont 61 % d'acide linoléique et 1 % d'acide alpha-linolénique)
Acides gras monoinsaturés:	25 %
Acides gras saturés:	13 %

Impact nutritionnel

Valeur nutritive:	10 mL (2 c. à thé) renferment:
	80 calories
	9,1 g de gras
	1,1 g de gras saturés
	2,2 g de gras monoinsaturés
	8,0 g de gras **polyinsaturés**
Cholestérol:	aucune trace
Vitamine E:	1,3 mg[30]
Effets sur le cholestérol sanguin:	fait baisser le cholestérol total y compris les HDL (bon cholestérol).

Utilisations culinaires

Sans cuisson, cuisine froide:	s'utilise dans les vinaigrettes.
Cuisson, chaleur directe (poêlon):	ne pas chauffer.
Cuisson, chaleur indirecte (four):	s'utilise dans les produits de boulangerie.

---

29. L'allégation «pressée à froid» n'est pas réglementée et ne protège pas le consommateur. Voir toutefois les résultats d'analyses récentes en page 78.
30. Valeur pour une huile de maïs raffinée.

Conservation

- Acheter en petite quantité.
- Protéger de la lumière et conserver dans un endroit sombre.
- Protéger de l'air et refermer la bouteille immédiatement après utilisation.
- Conserver dans un endroit frais; conserver au réfrigérateur si pressée à froid.
- Vérifier la date d'expiration s'il y a lieu.

L'huile de soya

Points de vente

Dans les épiceries sous la forme régulière ou raffinée, souvent dans des mélanges d'huiles végétales; dans les magasins d'aliments naturels sous la forme pressée à froid [31].

Composition

*Acides gras **polyinsaturés:***	58 % (dont 51 % d'acide linoléique et 7 % d'acide alpha-linolénique)
Acides gras monoinsaturés:	24 %
Acides gras saturés:	15 %

Impact nutritionnel

Valeur nutritive:	10 mL (2 c. à thé) renferment:
	80 calories
	9,1 g de gras
	1,3 g de gras saturés
	2,1 g de gras monoinsaturés
	5,3 g de gras **polyinsaturés**
Cholestérol:	aucune trace
Vitamine E:	1 mg[32] (alpha-tocophérol)
Effets sur le cholestérol sanguin:	fait baisser le cholestérol total y compris les HDL (bon cholestérol).

Utilisations culinaires

Sans cuisson, cuisine froide:	s'utilise dans les vinaigrettes.
Cuisson, chaleur directe (poêlon):	il est préférable de ne pas la chauffer.
Cuisson, chaleur indirecte (four):	s'utilise dans des produits de boulangerie.

---

31. L'allégation «pressée à froid» n'est pas réglementée et ne protège pas le consommateur. Voir toutefois les résultats d'analyses récentes en page 78.
32. Valeur pour une huile de soya raffinée.

Conservation
- Acheter en petite quantité.
- Protéger de la lumière et conserver dans une bouteille sombre.
- Protéger de l'air et refermer la bouteille après utilisation.
- Conserver dans un endroit frais; conserver au réfrigérateur si pressée à froid.
- Vérifier la date d'expiration s'il y a lieu.

Les huiles tropicales

On n'achète pas une bouteille d'huile tropicale comme on achète une bouteille d'huile d'olive, mais l'industrie en utilise de grandes quantités dans plusieurs aliments pour des raisons de goût, de coût, de texture et de consistance. La famille des huiles tropicales comprend, entre autres, *l'huile de palme* ou *palmiste*, *l'huile de noix de coco*, *l'huile de babassu*. Toutes ces huiles contiennent *beaucoup* d'acides gras *saturés*.

Impact nutritionnel

Les huiles tropicales riches en gras saturés augmentent le cholestérol total, y compris les LDL (mauvais cholestérol). Elles favorisent la formation de caillots susceptibles de bloquer les artères.

Quelques produits qui en contiennent

- Biscuits de toutes sortes
- Certaines céréales
- Certains mélanges à pâte à pizza
- Croustillant Shake 'n' bake
- Certaines margarines
- Certains produits de boulangerie

CHAPITRE VII

Les suppléments et les substituts

Notre corps a besoin de gras pour bien fonctionner, mais il est important que nous lui fournissions les meilleures sources possibles, soit les aliments riches en *acides gras essentiels* et en *oméga-3*.

Nous pouvons aussi trouver ces gras sous forme de suppléments sur les rayons des pharmacies et des magasins d'aliments naturels. Ces produits se regroupent en deux catégories: les acides gras essentiels et leurs dérivés, et les huiles de poisson.

Connaissez-vous les huiles d'onagre et de bourrache? Ce sont les suppléments les plus connus de la première catégorie. Les huiles de foie de morue et de flétan, qui ont laissé à plusieurs d'entre nous des souvenirs gustatifs impérissables, font partie de la deuxième catégorie. C'était hier! Aujourd'hui, les huiles de poisson sont plus faciles à avaler parce qu'elles se dissimulent dans des gélules.

Les huiles d'onagre et de bourrache

Les huiles d'onagre (primevère du soir) et de bourrache sont extraites des plantes du même nom et renferment un gras bien spécial présent dans le lait maternel: l'*acide gamma-linolénique*. Après la période du sevrage, ce gras spécial ne se retrouve plus dans notre alimentation parce que le corps réussit à le fabriquer à partir de l'*acide linoléique*. Mais il arrive que la conversion de l'un à l'autre se fasse mal. Trop de gras animal, trop de gras *hydrogéné*, trop d'alcool au menu peuvent bloquer l'enzyme nécessaire à cette conversion. Le vieillissement, les périodes de stress, ou certaines maladies comme le diabète et les infections virales peuvent également provoquer ce problème.

De nombreuses recherches ont étudié l'action de l'*acide gamma-linolénique* sur le fonctionnement du corps humain. Elles ont prouvé que ce gras spécial favorisait la production d'une famille de prostaglandines qui a des pouvoirs anti-inflammatoires. Cette famille est essentielle à l'équilibre hormonal féminin; elle rend aussi la peau imperméable et influence les systèmes immunitaire et cardiovasculaire. Les recherches ont également montré qu'une déficience d'acide gamma-linolénique a plusieurs effets sur la santé, du moins en théorie; en pratique, il est plus difficile d'en faire la preuve.

L'huile d'onagre a été beaucoup plus étudiée que l'huile de bourrache. Le *Compendium* des produits pharmaceutiques (outil de travail des professionnels de la santé) mentionne l'huile d'onagre pour soulager les symptômes prémenstruels. Dans notre pratique clinique, nous l'avons aussi recommandée à des personnes qui avaient la peau très sèche et nous avons eu des résultats intéressants: un mois plus tard, l'effet était visible à l'œil et au toucher. L'huile d'onagre peut également être utile pour des problèmes comme le psoriasis et les dermites.

On ne peut affirmer que l'huile d'onagre est toujours efficace dans tous les cas, mais on peut l'essayer sans risque, à moins de souffrir d'épilepsie. Prise en grandes quantités, elle peut causer la diarrhée, mais ingérée selon les doses recommandées, elle est inoffensive. Toutefois, il est préférable de prendre ce supplément aux repas plutôt qu'à jeun pour éviter la nausée. Pour se transformer efficacement en prostaglandines, l'acide gamma-linolénique a besoin de zinc, de pyridoxine (vitamine B_6), de niacine (vitamine B_3) et de vitamine C, que l'on peut trouver dans l'alimentation ou dans un autre supplément.

Le marché offre plusieurs huiles d'onagre, de qualités fort variables. En lisant les étiquettes des produits, recherchez les informations suivantes:

- le code DIN (*drug identification number*),
- le numéro de lot,
- la date d'expiration,
- la composition précise.

Vérifiez si l'huile provient de graines cultivées de façon biologique et si elle est pressée à froid. Toutes ces informations ne garantissent pas la qualité, mais elles dénotent un certain contrôle. Selon une étude portant sur la qualité des huiles d'onagre, effectuée en France en 1992 par le Laboratoire interrégional de la répression des fraudes de Montpellier, certaines huiles analysées ne contenaient même pas d'huile d'onagre, d'autres étaient fabriquées à partir de graines déjà rances et oxydées. Une seule répondait à toutes les normes de qualité. Sommes-nous ici en présence d'un problème semblable? Tout porte à le croire, mais il reste à le prouver.

L'huile de bourrache contient une plus grande quantité d'acide gamma-linolénique que l'huile d'onagre, mais cette dernière est plus efficace pour stimuler la formation des prostaglandines dont on a parlé précédemment. Il y a peu d'huile de bourrache sur le marché et parmi celles recensées, aucune ne porte le code DIN.

Les huiles de poisson

Au chapitre premier, on a vu que des chercheurs utilisaient des huiles de poisson pour traiter certaines maladies. Les résultats obtenus les encouragent à poursuivre les recherches. En général, ils utilisent des suppléments d'huiles de poisson non vendus au Canada, et souvent en doses très importantes, mais ils ont les compétences et les moyens de contrôler le déroulement de leurs études.

On ne peut augmenter sa consommation d'huiles de poisson au gré de sa fantaisie, car en prendre trop, c'est comme en prendre trop peu… parfois pire.

Il n'en demeure pas moins que les gras de poisson sont utiles pour calmer l'inflammation, pour ralentir la coagulation du sang et pour stimuler le système immunitaire. Pour profiter de ces bénéfices, la meilleure stratégie est d'augmenter votre consommation de poisson, de poisson gras en particulier. Si vous craignez de vous exposer aux agents toxiques que le poisson peut contenir, choisissez des produits des mers froides et profondes ou des poissons de culture nourris de façon à ne pas modifier leur contenu en gras oméga-3.

Si vous avez ce type d'aliments en horreur, un supplément d'huile de poisson peut vous venir en aide. Mais encore là, pas n'importe lequel.

Au Canada, deux huiles de poisson ont été approuvées et possèdent le code DIN. Ce sont les huiles de foie de morue et de foie de flétan. Vérifiez sur l'étiquette la date d'expiration et le numéro de lot.

On peut se procurer ces produits sous forme de gélules en deux formats. Ces huiles contiennent de la vitamine A et de la vitamine D, qui sont solubles dans le gras mais qui peuvent être toxiques si elles sont prises en trop grande quantité. Par mesure de prudence, ne dépassez pas la dose de 400 UI de vitamine D par jour. Pendant la grossesse, il ne faut pas prendre plus 10 000 UI de vitamine A par jour.

- Une gélule d'*huile de foie de morue* contient:
  — de 1250 à 3000 UI de vitamine A,
  — de 100 à 300 UI de vitamine D.
- Une gélule d'*huile de foie de flétan* contient:
  — de 5000 à 10 000 UI de vitamine A,
  — 400 UI de vitamine D.

Une ou deux capsules par jour de ces suppléments peuvent être utiles aux personnes susceptibles de manquer de vitamine D: celles qui ne boivent jamais de lait et celles qui se tiennent loin du soleil par choix ou par la force des choses.

Les substituts ou *faux* gras

L'industrie alimentaire a une fois de plus réagi à sa façon face à la phobie du cholestérol et à l'obsession de la minceur. Elle a inventé de *nouveaux gras* qui imitent la texture du vrai gras, mais qui ne fournissent plus autant de calories, ni autant de gras.

Contrairement à un simple additif qui est ajouté en très petite quantité à un aliment, ces substituts risquent d'occuper une très large place dans l'alimentation de demain.

Même si 57 % des Américains croient en la nécessité de tels substituts de gras, nous avons des réticences et encore beaucoup de questions.

Si quelqu'un remplace la moitié du gras de son menu habituel par ces faux gras, quel sera l'effet cumulatif? Ces substituts peuvent-ils être consommés par tout le monde ou devrait-on les réserver à certains groupes d'individus?

Certains substituts, comme *Olestra* (voir à la page 109), ne sont pas normalement digérés. Mais qu'est-ce qui pourrait se produire si l'intestin laissait passer quotidiennement une toute petite quantité de ce produit dans la circulation sanguine? Quels seraient les risques de toxicité? D'autres substituts ne sont digérés que partiellement; mais comment affecteront-ils la disponibilité des vitamines A, D, E, K solubles dans les gras, l'équilibre des acides gras essentiels ou l'absorption de certains médicaments?

On ne connaît vraiment pas les effets à long terme d'un changement de la flore intestinale sur la synthèse de la vitamine K, de la biotine et de certains acides gras. On sait par ailleurs que ces substituts non digérés affectent le transit et la flore de l'intestin, qu'ils peuvent avoir un effet laxatif, ou même occasionner un blocage intestinal. Comment faire le lien entre ces aliments et les problèmes intestinaux chez certains enfants? L'emballage de ces produits devrait-il porter un avertissement à ce sujet ou suggérer une quantité limitée?

On prétend que ces nouveaux gras peuvent aider les personnes qui souhaitent réduire le gras et les calories de leur alimentation. Mais sait-on si ces produits ont un effet à long terme sur la consommation totale d'aliments? Les faux gras risquent-ils la même réaction que les substituts de sucre? Aux États-Unis, il se consomme quatre fois plus de substituts de sucre qu'en 1975, il se mange plus de sucre également, et les problèmes d'obésité ne diminuent pas, au contraire. Ces substituts de gras s'ajouteront-ils aux autres gras au lieu de les remplacer, du moins en partie?

Sous prétexte de réduire le gras et le cholestérol alimentaires, certaines personnes risquent de manger trop d'aliments riches en substituts de gras sans savoir si elles peuvent en espérer une baisse de cholestérol sanguin. Aucune étude clinique laisse entrevoir une telle issue.

Au Canada seulement quelques substituts de gras sont actuellement présents dans certains aliments alors qu'aux États-Unis, on en retrouve une plus grande quantité. Voici les termes qui peuvent apparaître sur une étiquette pour décrire un de ces substituts.

Crème allégéeMC

Ce substitut fait de protéines laitières transformées n'est utilisé pour l'instant que dans la Crémaglace Parlour 1 %. Selon la compagnie qui a mis au point cette crème, on en viendra à l'utiliser pour beaucoup d'autres produits laitiers et non laitiers.

SimplesseMC

Ce substitut est fait d'un mélange de protéines de blanc d'œuf et de lait, réduites en microparticules et dont la texture s'apparente à celle du gras. En février 1990, il a été accepté au Canada comme agent épaississant et modificateur de texture pour les desserts congelés. Aucune étude n'a été requise pour vérifier l'absence d'effets indésirables sur la santé.

Ce substitut peut apparaître d'un jour à l'autre dans la crème sure, les trempettes, la crème glacée, le beurre, le yogourt, le fromage, les glaces à gâteaux, les desserts réfrigérés, les vinaigrettes, la mayonnaise, la margarine.

Simplesse ne peut toutefois pas servir pour la grande friture.

Gommes, fibres solubles et amidons

Bien que ces produits soient acceptés depuis longtemps comme additifs ou ingrédients, l'industrie alimentaire les utilisait uniquement en petites quantités comme agents épaississants ou comme modificateurs de texture. On les emploie maintenant sur plus grande échelle pour remplacer le gras. Mais on ne connaît pas l'impact sur la santé d'une telle utilisation de ces produits.

On peut retrouver ces substituts dans de la garniture à la crème, des bonbons, de la viande en conserve, des vinaigrettes, des desserts congelés, des tartinades et trempettes, des produits de boulangerie et de pâtisserie, des mets cuisinés, etc.

Olestra

Ce produit que l'organisme n'absorbe pas est composé de huit acides gras attachés à une molécule de sucre.

Olestra est utilisé aux États-Unis mais n'est pas encore accepté au Canada. Ce substitut, qui provient d'une synthèse chimique, doit faire l'objet d'études d'innocuité. Il ne fournit ni calorie, ni cholestérol, ni gras et pourrait être utilisé pour préparer des croustilles et autres aliments en grande friture.

Dans tout ce dossier des faux gras, nous sommes bien loin des bons gras!

CHAPITRE VIII

Des menus mieux choisis

Quelques suggestions de menus

La vie se poursuit et le gras continue de se faufiler dans notre assiette, au restaurant comme à la maison! Suivre la démarche proposée de la nouvelle règle d'or (voir le chapitre IV), c'est choisir la qualité mais c'est aussi gérer la quantité, car trop de gras nuit à la santé.

Nous sommes allées dans divers restaurants et avons vérifié la gamme des aliments servis. Qu'il s'agisse de restauration rapide (*fast food*) ou haut de gamme, de repas pris à la maison ou en partie au restaurant, nous avons considéré plusieurs possibilités.

Pour vous aider à choisir les *bons* gras et à détecter les *mauvais*, pour vous aider aussi à réduire votre consommation totale de gras, nous vous proposons, à titre d'exemple, une série de huit menus d'une journée. Quatre des menus renferment entre 78 g et 105 g de gras, et surtout des mauvais gras. Les quatre autres contiennent entre 28 g et 46 g de gras, et que des gras de bonne qualité.

Vous verrez, la clé ne se situe pas dans un restaurant en particulier, mais dans les aliments que *vous* choisissez. Et le plaisir de manger n'est aucunement proportionnel à la quantité de gras dans l'assiette.

Selon la nouvelle règle d'or, la cote des *bons* gras ☺ souligne la présence d'acides gras monoinsaturés, alpha-linolénique ou oméga-3, alors que la cote des *mauvais* gras ☹ souligne la présence de gras hydrogénés et d'huiles tropicales.

MENU 1
Dans les chaînes de restauration rapide

REPAS D'UNE JOURNÉE	Calories (kcal)	Gras (g)	
DÉJEUNER			
McMuffin, saucisses et œuf	415	25	☹
café avec crème 10 % (15 mL)	19	2	
DÎNER			
nuggets croustillants au poulet	280	20	☹
frite, petite portion	240	12	☹
cola diète	0	0	
chausson aux pommes	280	15	☹
SOUPER			
pizza toute garnie, moyenne, 1 portion	295	15	
cola diète	0	0	
COLLATION			
cornet à la vanille, petit	140	4	
Total	1669	93	

Au total, 50 % des calories sont constituées de gras.

☹ Cet aliment est une source de *mauvais gras*.

MENU 2
**Dans les chaînes de restauration rapide, choix moins gras
et de meilleure qualité**

REPAS D'UNE JOURNÉE	Calories (kcal)	Gras (g)	
DÉJEUNER			
jus d'orange	80	0,2	☺
bol de céréales avec noix	100	1,3	☺
lait 2 % (125 mL)	64	2,5	
pain de grains entiers, grillé (2 tranches)	132	1,2	☺
carré de beurre (5 g)	36	4	
café noir	0	0	
DÎNER			
chili	220	7	☺
petite pomme de terre au four	135	0,2	☺
salade jardinière	70	2	☺
vinaigrette italienne (15 mL)	93	10,3	☺
lait 2 % (215 mL)	110	4	
cantaloup (comptoir à salade)	20	0,2	☺
SOUPER			
pizza aux fruits de mer, moyenne, 1 portion	306	7	☺
café et lait 2 % (30 mL)	13	0,5	
pomme (de la maison)	81	0,5	☺
COLLATION			
cornet au yogourt, grandeur moyenne	126	1,1	
Total	1586	40,9	

Au total, 23 % des calories sont constituées de gras.

☺ Cet aliment est une source de *bons gras*.

MENU 3
À la maison

REPAS D'UNE JOURNÉE	Calories (kcal)	Gras (g)	
DÉJEUNER			
céréales Harvest Crunch recette originale (100 mL)	200	9	☹
lait homo 3,25 % (125 mL)	80	4	
café avec crème 10 % (15 mL)	18	2	
DÎNER			
spaghetti: sauce à la viande de bœuf maigre	173	3	
et pâtes alimentaires blanches, cuites (250 mL)	164	1	
salade (laitue, épinards, tomates et concombres)	36	0,2	☺
vinaigrette à la mayonnaise (15 mL)	86	10	
muffin commercial	225	11	☹
SOUPER			
truite (100 g), frite	216	13	☺
à la margarine (10 mL)	67	9	☹
pomme de terre au four	110	0,2	☺
crème sure (30 mL)	47	4	
haricots verts (125 mL)	23	0,2	☺
et margarine (5 mL)	36	4	☹
COLLATION			
barre granola Quaker Dipps: fondant chocolat et beurre d'arachide	175	10	☹
Total	1616	82,6	

Au total, 49 % des calories sont constituées de gras.

☺ Cet aliment est une source de *bons gras*.
☹ Cet aliment est une source de *mauvais gras*.

MENU 4
À la maison, choix moins gras et de meilleure qualité

REPAS D'UNE JOURNÉE	Calories (kcal)	Gras (g)	
DÉJEUNER			
1/2 pamplemousse	37	0,1	
céréales müesli maison (225 mL) (avoine, citron, lait, sirop d'érable, amandes, pommes)	217	6	☺
yogourt 1 % (60 mL) ajouté aux céréales	35	1	
lait partiellement écrémé, 1 % (250 mL)	110	3	
DÎNER			
spaghetti, sauce aux tomates avec tofu	170	9	☺
pâtes alimentaires de blé entier, cuites (250 mL)	160	1	☺
salade (laitue, épinards, tomates, concombre)	36	0,2	☺
huile d'olive extra-vierge (5 mL)	40	5	☺
vinaigre balsamique (5 mL)	1	0	
pain sept grains (1 tranche)	80	1	☺
salade de fruits (250 mL)	121	0,1	☺
SOUPER			
truite (100 g), braisée	216	13	☺
pomme de terre au four (1 petite)	110	0,2	☺
yogourt 1 % (30 mL)	18	0,3	
brocoli à la vapeur avec citron (250 mL)	47	0,3	☺
muffin maison	136	4	☺
COLLATION			
kéfir ou yogourt nature 1 % (125 mL)	80	2	
fraises fraîches en morceaux (125 mL)	24	0,3	☺
Total	1638	46,3	

Au total, 25 % des calories sont constituées de gras.

☺ Cet aliment est une source de *bons gras*.

MENU 5
Mi-restaurant, mi-maison

REPAS D'UNE JOURNÉE	Calories (kcal)	Gras (g)	
DÉJEUNER (à la maison)			
tranches de bacon	72	7	
œuf frit dans la margarine	115	10	☹
tranche de pain, blé entier	80	1	☺
margarine (5 mL)	36	4	☹
DÎNER (au restaurant)			
salade-repas avec poulet, fromage et vinaigrette César	550	40	
frites	290	15	☹
cola diète	0	0	
SOUPER (à la maison)			
repas congelé: cannelloni au fromage*	260	12	
yogourt 10 % (125 mL)	284	13	
COLLATION			
biscuit digestif (1)	49	2	☹
Total	1616	103	

Au total, 54 % des calories sont constituées de gras.

☺ Cet aliment est une source de *bons gras*.
☹ Cet aliment est une source de *mauvais gras*.
  * Certains repas congelés peuvent renfermer du gras hydrogéné. Bien lire la liste des ingrédients.

MENU 6
Mi-restaurant, mi-maison,
choix moins gras et de meilleure qualité

REPAS D'UNE JOURNÉE	Calories (kcal)	Gras (g)	
DÉJEUNER (à la maison)			
jus de pomme (125 mL)	62	0,1	☺
œuf à la coque	79	6	
tranche de pain sept grains	80	1	☺
beurre (5 mL)	36	4	
lait 1 % (250 mL)	110	3	
DÎNER (au restaurant)			
poitrine de poulet en salade	222	2	
vinaigrette aux fines herbes (15 mL)	71	7,9	☺
tranche de pain de blé entier	80	1	☺
cocktail de fruits frais	95	0,1	☺
SOUPER (à la maison)			
repas congelé: lasagne aux courgettes*	260	7	
tranche de pain sept grains	80	1	☺
yogourt 1 %	110	1,6	
COLLATION			
noix et fruits secs (30 mL)	95	2	☺
lait 1 % (250 mL)	110	3	
Total	1490	39,7	

Au total, 21 % des calories sont constituées de gras.

☺ Cet aliment est une source de *bons gras*.

* Certains repas congelés peuvent renfermer du gras hydrogéné. Bien lire la liste des ingrédients.

MENU 7
Dans les restaurants haut de gamme

REPAS D'UNE JOURNÉE	Calories (kcal)	Gras (g)
DÉJEUNER		
jus de pamplemousse (125 mL)	51	0,1 ☺
croissant chaud	235	12 ☹
beurre (5 mL)	35	4
café avec crème à café (30 mL)	56	6
DÎNER		
potage Dubarry (200 mL)	177	15
(crème de chou-fleur)		
petit pain croûté	156	1,6
assiette de fromage (60 g)	211	18,5
SOUPER		
longe de veau rôtie (60 g)	362	20
(veau, beurre, vin blanc)		
sauce aux champignons (50 mL)	73	2
(beurre, farine, champignons, jaune d'œufs,		
crème fraîche, bouillon, muscade)		
gratin Dauphinois (85 mL)	90	7
(pomme de terre, oignon,		
gruyère, crème fraîche)		
carottes Vichy (130 mL)	86	6
(carottes, beurre, persil)		
fraises fraîches (125 mL)	24	0,3 ☺
crème anglaise (65 mL)	98	4
(sucre en poudre, jaunes d'œufs, lait, vanille)		
Total	1624	102,5

Au total, 57 % des calories sont constituées de gras.

☺ Cet aliment est une source de *bon gras.*
☹ Cet aliment est une source de *mauvais gras.*

MENU 8
Dans les restaurants haut de gamme, choix moins gras et de meilleure qualité*

REPAS D'UNE JOURNÉE	Calories (kcal)	Gras (g)	
DÉJEUNER			
1/2 pamplemousse frais	37	0,1	☺
muffin au son chaud	136	4	☺
fromage cottage (125 mL)	89	1	
café avec lait 2 % (30 mL)	16	0,6	
DÎNER			
soupe de tomates au basilic	73	3	☺
(tomates, oignon, céleri, huile d'olive, basilic, ail, bouquet garni, poivre, sel)			
fagotin de légumes et filets de sole Régence	233	2	☺
(filets de sole, écrevisses, carottes, céleri-rave, courgettes, épinards, haricots verts, échalotes, champignons, vin blanc, moules, épices)			
pain de grains entiers (1 tranche)	80	1	☺
carré de beurre (5 g)	36	4	
mille-feuille léger aux framboises	164	2	☺
(yogourt, farine, huile, lait, sucre, framboises, citron, menthe, fécule de maïs, sel)			
Infusion	0	0	
SOUPER			
lasagne de tofu jardinière	293	6	☺
(tofu, carottes, navets, céleri-rave, pommes de terre, courgettes, épinards, fécule de maïs, lait écrémé, bouillon de volaille, blancs d'œufs, épices)			
pain de grains entiers (1 tranche)	80	1	☺
sorbet aux kiwis	200	1	☺
(kiwis, fraises, orange, citron, sucre)			
COLLATION			
lait 1 % (250 mL)	105	3	
Total	1542	28,7	

Au total, 17 % des calories sont constituées de gras.

☺ Cet aliment est une source de *bons gras*.

* Recettes tirées du livre *Minceur Exquise*, de Guérard et Coumont, Laffont, 1989.

Trucs pour la cuisine

Voici quelques trouvailles pour cuisiner de bons gras et diminuer la consommation totale de gras sans perdre un gramme de plaisir. Et vous verrez, une idée en fait germer une autre...

- Arrosez quelques tranches de tomates bien mûres avec du vinaigre balsamique et oubliez l'huile ou la vinaigrette... La saveur est absolument exquise! Saupoudrez de ciboulette si désiré.
- Badigeonnez de minces tranches d'aubergines avec quelques gouttes d'huile d'olive et un peu d'ail; assaisonnez et faites griller au four plutôt que de chauffer dans un poêlon dans beaucoup d'huile.
- Préparez une vinaigrette avec moitié huile d'olive extra-vierge et moitié vinaigre balsamique, un peu de moutarde de Dijon, sel et poivre au goût; cette recette permet de réduire la proportion d'huile et d'augmenter la saveur.
- Tartinez un sandwich au poulet ou à la dinde avec du yogourt nature d'un côté et de la moutarde de Dijon de l'autre: un délice sans beurre ni mayonnaise.
- Laissez égoutter un yogourt léger dans un coton à fromage et un tamis quelques heures ou toute une nuit; vous obtenez un fromage de yogourt crémeux et onctueux. Incorporez dans un *Cheesecake* santé ou servez avec des fraises, une demi-poire ou une figue fraîche; nappez d'un coulis de framboises et faites des heureux.
- Écrasez un bel avocat bien mûr, saupoudrez d'un peu de jus de citron et tartinez sur un pain pita de blé entier ou sur un petit pain de grains entiers à la place du beurre!
- Remplacez la margarine par un beurre santé en plaçant au mélangeur 125 mL (1/2 tasse) de beurre et 125 mL (1/2 tasse) d'huile de tournesol. (Soyez avare dans votre utilisation.)
- Pour éviter de consommer une huile polyinsaturée (surtout si votre taux de cholestérol est trop élevé), mélangez 125 mL (1/2 tasse) de beurre et 125 mL (1/2 tasse) d'huile de noisette pressée à froid; délicieux sur du pain grillé, mais attention de ne pas en abuser!

- Remplacez l'œuf entier par deux blancs d'œuf pour faire crêpes, omelettes, muffins ou autres recettes semblables; cela vous permet de réduire le gras et d'augmenter la portion des protéines.
- Préparez une quiche allégée en oubliant la croûte; c'est l'intérieur qui donne toute la saveur!

Appendice A

Le contenu en gras de différents aliments

N. B. Toutes les valeurs inscrites dans les tableaux sont arrondies.

VIANDES ROUGES	Portion		Gras
	impérial (oz)	métrique (g)	(g)
Bœuf cuit **sans matières grasses**			
à ragoût, maigre	3	90	9
bifteck, régulier	3	90	9
bifteck, maigre	3	90	6
haché, régulier	3	90	17
haché, maigre	3	90	13
rôti de côtes, régulier	3	90	18
rôti de côtes, maigre	3	90	10
rôti de croupe, régulier	3	90	10
rôti de croupe, maigre	3	90	7
Agneau cuit **sans matières grasses**			
gigot, régulier	3	90	16
gigot, maigre	3	90	6
côtelette, régulier	3	90	35
côtelette, maigre	3	90	7
Porc cuit **sans matières grasses**			
filet, maigre	3	90	4
longe, régulier	3	90	19
longe, maigre	3	90	9
croupe (cuisse), régulier	3	90	14
croupe (cuisse), maigre	3	90	7
Veau cuit **sans matières grasses**			
côtelette ou escalope	3	90	12
Foie cuit **sans matières grasses**			
veau	3	90	4
poulet	3	90	4
porc	3	90	4
bœuf	3	90	4

CHARCUTERIE	Portion		Gras
	impérial	métrique	
			(g)
2 saucisses hot dog	1 oz	30 g	10
1 saucisse fumée (bœuf/porc)	1 1/3 oz	37 g	11
1 saucisse fumée (dinde)	1 1/3 oz	37 g	7
1 tranche de jambon cuit	1 oz	30 g	3
1 tranche de salami	3/4 oz	22 g	4
1 tranche de saucisson de bologne	3/4 oz	22 g	6
3 tranches de boudin	3 oz	90 g	30
Pâté de foie	3 c. à soupe	45 mL	12
Creton	3 c. à soupe	45 mL	15

POULET ET DINDE	Portion		Gras
	impérial (oz)	métrique (g)	(g)
Poulet			
viande blanche, sans peau	3	90	4
viande brune, sans peau	3	90	9
viande blanche et peau	3	90	7
Dinde			
viande blanche, sans peau	3	90	3
viande brune, sans peau	3	90	6

POISSONS ET FRUITS DE MER	Portion		Gras
	impérial (oz)	métrique (g)	(g)
Poissons			
Saumon, truite, maquereau	3	90	12 ☺
Sardines, corégone	3	90	12 ☺
Hareng	3	90	12 ☺
Plie	3	90	8 ☺
Morue, flétan, goberge	3	90	5 ☺
Doré, perchaude, éperlan	3	90	2 ☺
Sole, raie	3	90	1 ☺
Thon conservé dans l'eau	3	90	1 ☺
Thon conservé dans l'huile (égoutté)	3	90	7 ☺
Crustacés et fruits de mer			
Anchois	1	30	2 ☺
Calmars	3	90	2 ☺
Caviar	1 c. à soupe	15 mL	2 ☺
Crabe impérial	3	90	7 ☺
Crabe, autres espèces	3	90	2 ☺
Crevettes	3	90	1 ☺
Cuisses de grenouilles	3	90	2 ☺
Escargots	3	90	1 ☺
Homard	3	90	1 ☺
Huîtres	3	90	2 ☺
Mouies, palourdes	3	90	2 ☺
Pétoncles	3	90	1 ☺

☺ Cet aliment est une source de *bons gras*.

| ŒUFS, LÉGUMINEUSES, GRAINES, NOIX ET SUBSTITUTS | Portion | | Gras |
	impérial	métrique	(g)
1 gros œuf	—	50 g	6
1 jaune d'œuf	—	17 g	6
1 blanc d'œuf	—	33 g	traces
Lentilles, pois cassés cuits	1 tasse	250 mL	1 ☺
Haricots blancs ou rouges cuits	1 tasse	250 mL	1 ☺
Pois chiches cuits	1 tasse	250 mL	4 ☺
Fèves de soja cuites	1 tasse	250 mL	11 ☺
Tempeh (fèves de soja fermentées)	1 tasse	250 mL	13 ☺
Tofu mou	1/2 tasse	125 mL	6 ☺
Tofu ferme	1/2 tasse	125 mL	11 ☺
Amandes et noix de Grenoble	1/4 tasse	60 mL	20 ☺
Arachides, avelines et noisettes	1/4 tasse	60 mL	19 ☺
Pacanes et pistaches	1/4 tasse	60 mL	19 ☺
Noix de pin	1/4 tasse	60 mL	22 ☺
Noix d'acajou	1/4 tasse	60 mL	17 ☺
Noix du Brésil	1/4 tasse	60 mL	25 ☺
Noix de coco filamentée	1/4 tasse	60 mL	7
Beurre d'arachide régulier	1 c. à soupe	15 mL	8 ☺
Beurre d'arachide naturel	1 c. à soupe	15 mL	8 ☺
Beurre d'amande naturel	1 c. à soupe	15 mL	10 ☺
Beurre de sésame (tahini)	1 c. à soupe	15 mL	8 ☺
Graines de citrouille	1/4 tasse	60 mL	14 ☺
Graines de sésame	1/4 tasse	60 mL	22 ☺
Graines de tournesol	1/4 tasse	60 mL	19 ☺

☺ Cet aliment est une source de *bons gras*.

LAIT ET PRODUITS LAITIERS	Portion		Gras
	impérial	métrique	(g)
Lait			
entier (3,25 % m.g.)	1 tasse	250 mL	9
2 % m.g.	1 tasse	250 mL	5
1 % m.g.	1 tasse	250 mL	3
écrémé	1 tasse	250 mL	traces
en poudre, écrémé	1 c. à soupe	15 mL	traces
Fromages fermes, demi-fermes ou fondus			
contenant 35 % m.g. tels que gruyère　　　bleu　　　havarti	1 1/2 oz	45 g	16
contenant 30 % m.g. tels que roquefort　　　münster　　　parmesan　　　colby　　　monterey　　　cheddar	1 1/2 oz	45 g	14
contenant 28 % m.g. tels que emmental　　　gouda　　　limburger　　　port salut　　　provolone　　　romano　　　edam	1 1/2 oz	45 g	13
contenant 25 % m.g. tels que mozzarella　　　neufchatel　　　suisse　　　tilsit　　　feta	1 1/2 oz	45 g	12

LAIT ET PRODUITS LAITIERS (suite)	Portion		Gras
	impérial	métrique	(g)
Fromages fermes, demi-fermes ou fondus (suite)			

contenant 20 % m.g.
tels que fromage de chèvre
      cracker barel
      baron
	1 1/2 oz	45 g	9

contenant 15 % m.g.
tels que mozzarella part.
      écrémée
      havarti part. écrémé
      brick écrémé
      type emmental allegro
      croûte lavée alibi
      fromage de chèvre
      brie allegro
	1 1/2 oz	45 g	7

contenant 7 % ou 8 % m.g.
tels que danbo
      solaidoubs
      Saint-Benoît léger
      bigros léger
      la vache qui rit
	1 1/2 oz	45 g	3

Fromages cottages en crème (4,5 % m.g.)	1/2 tasse	125 mL	5
2 % m.g.	1/2 tasse	125 mL	2
1 % m.g.	1/2 tasse	125 mL	1
0,4 % m.g.	1/2 tasse	125 mL	traces
Tofu Rella (tofu fondu type fromage) léger (réduit en matières grasses)	1 1/2 oz	45 g	traces
régulier	1 1/2 oz	45 g	7 ☺

☺ Cet aliment est une source de *bons gras*.

LAIT ET PRODUITS LAITIERS	Portion		Gras
(suite)	impérial	métrique	(g)
Yogourts			
nature 10 % m.g.	3/4 tasse	175 mL	18
nature 5,9 % m.g.	3/4 tasse	175 mL	11
fruits 4,5 % m.g.	3/4 tasse	175 mL	8
nature 3,9 % m.g.	3/4 tasse	175 mL	7
nature 3,2 % m.g.	3/4 tasse	175 mL	6
fruits 3,1 % m.g.	3/4 tasse	175 mL	6
nature 2 % m.g.	3/4 tasse	175 mL	4
fruits ou nature 1 % m.g.	3/4 tasse	175 mL	2
fruits ou nature 0,1 % m.g.	3/4 tasse	175 mL	traces
Autres produits laitiers fermentés			
Kéfir nature 1,5 % m.g.	3/4 tasse	175 mL	3
Kéfir fruits 1,2 % m.g.	3/4 tasse	175 mL	2
Biobest Plus 1,2 % m.g.	3/4 tasse	175 mL	2
(bifidus et acidophilus)			
Yogourt et müesli 2,5 % m.g.	3/4 tasse	175 mL	4
Yoqark 3,5 % m.g.	3/4 tasse	175 mL	6
(yogourt + quark)			
Quark 0,25 % m.g.	3/4 tasse	175 mL	traces
Yop 1,7 % m.g.	3/4 tasse	175 mL	3
Yop 1,0 % m.g.	3/4 tasse	175 mL	2
Crèmes glacées et desserts surgelés			
Crème glacée gourmet 16 % m.g.	1 tasse	250 mL	24
Crème glacée régulière 10 % m.g.	1 tasse	250 mL	15
Crème glacée légère 6,7 % m.g.	1 tasse	250 mL	9
Lait glacé 4 % m.g.	1 tasse	250 mL	6
Yogourt congelé 2,7 % m.g.	1 tasse	250 mL	5
Sorbet 2 % m.g.	1 tasse	250 mL	4
Sorbet sans gras 0,1 % m.g.	1 tasse	250 mL	traces
Crème			
Crème 35 % m.g.	1 c. à soupe	15 mL	5
Crème 15 % m.g.	1 c. à soupe	15 mL	2
Crème 10 % m.g.	1 c. à soupe	15 mL	1,5
Crème sure 14 % m.g.	1 c. à soupe	15 mL	3

FRUITS ET LÉGUMES	Portion		Gras
		métrique (g)	(g)
Tous les fruits sauf l'avocat	—	—	traces ☺
Avocat de Californie	1/2 avocat	88	15 ☺
de Floride	1/2 avocat	150	14 ☺
Tous les légumes	—	—	traces ☺

MATIÈRES GRASSES	Portion		Gras
	impérial	métrique (mL)	(g)
Toutes les huiles[1]	1 c. à soupe	15	14 ☺
Beurre	1 c. à soupe	15	11
Margarine	1 c. à soupe	15	11 ☹
Mayonnaise régulière	1 c. à soupe	15	11
Sauce type mayonnaise légère	1 c. à soupe	15	5
Vinaigrettes			
fromage bleu	1 c. à soupe	15	8 ☺
française, Mille-Îles	1 c. à soupe	15	6 ☺
réduites en			
matières grasses	1 c. à soupe	15	2
sans gras	1 c. à soupe	15	0

☺ Cet aliment est une source de *bons gras*.

☹ Cet aliment est une source de *mauvais gras*.

---

1. Huiles d'olive, de canola, de noisettes et de lin.

| GRAINS, PAINS ET PÂTES | Portion | | Gras |
	impérial	métrique	(g)
Gruau cuit	1 tasse	250 mL	3 ☺
Riz ou orge cuits	1 tasse	250 mL	1 ☺
Pâtes alimentaires cuites	1 tasse	250 mL	1 ☺
Crêpes	5 oz	150 g	2
Beignet	1 1/2 oz	45 g	8 ☹
Croissant	2 oz	60 g	12 ☹
Muffin maison moyen	1 1/2 oz	45 g	4 ☹
Muffin commercial	5 oz	150 g	9 ☹
Muffin anglais	2 oz	60 g	1
Pain blanc ou brun	1 tranche		1 ☺
Certains pains à grains entiers	1 tranche		1 ☺
Certains pains à grains entiers	1 tranche		3 ☺
Pain à hot dog, hamburger	1		2
Tortilla	1		1 ☺
Pain pita	1		1 ☺
Bagel	1		2 ☺
Brioche	1		2 ☹

☺ Cet aliment est une source de *bons gras*.
☹ Cet aliment est une source de *mauvais gras*.

---

2. Certains produits de boulangerie, même certains pains de blé entier, peuvent contenir des gras hydrogénés. Lisez les étiquettes.

PÂTISSERIES ET BISCUITS	Portion		Gras (g)
Gâteau et glace	2 oz	60 g	12 ☹
Gâteau au fromage	3 oz	90 g	18 ☹
Tarte aux fruits	5 oz	150 g	18 ☹
Biscuit brisures de chocolat	1 biscuit	10 g	4 ☹
Biscuit beurre d'arachide	1 biscuit	14 g	4 ☹
Biscuit arrowroot	1 biscuit	6 g	1 ☹
1 Craquelin melba, soda	—	—	traces ☹
1 Galette de riz	—	—	traces

CASSE-CROÛTE, RESTAURATION RAPIDE	Portion		Gras (g)
30 Croustilles	—	—	21 ☹
Pretzels	1 oz	30 g	1 ☹
Pop-corn sans beurre	1 tasse	250 mL	traces
Pop-corn avec beurre	1 tasse	250 mL	4
Tablette de chocolat	1 2/3 oz	54 g	15 ☹
Poulet frit	3 oz	90 g	15 ☹
Sandwich de poisson pané	3 oz	90 g	14 ☹
Pizza au fromage	3 oz	90 g	7
Pizza avec pepperoni	3 oz	90 g	9
1 Hot dog (pain et saucisse)	—	—	14
1 Hamburger (pain et galette)	—	—	11
Frites	3 oz	90 g	14 ☹
Lait fouetté	1 tasse	250 mL	6

☹ Cet aliment est une source de *mauvais gras*.

Appendice B

Le contenu en gras de certains produits commerciaux

N.B. Les chiffres fournis concernent le contenu en gras tel qu'il a été recensé à l'été 1992. Aucune cote de qualité n'est indiquée, car la composition de ces aliments change périodiquement.

VINAIGRETTES	Portion (mL)	Gras (g)
Vinaigrettes régulières		
KRAFT		
Italienne maison	15	6
Crémeuse italienne	15	4,9
Crémeuse aux herbes et épices	15	6,6
Salade de chou (*coleslaw*)	15	5,3
Catalina	15	5
Française	15	5,2
Crémeuse, oignon et ciboulette	15	6,6
Crémeuse au concombre	15	6,9
Ranch au poivre	15	9,2
Crémeuse campagne	15	6,9
Crémeuse César	15	7,6
Golden César	15	6,6
Huile et vinaigre	15	7
Fines herbes et ail	15	9,5
Mélange à vinaigrette César	15	6,3
Italienne Golden	15	5,7
Italienne piquante	15	5,7
Échalote	15	7,3
Mille-îles	15	5,1
POTAGÈRE		
Moutarde de Dijon	15	6,2
Vin rouge et thym frais	15	5,2
Estragon	15	5,2

VINAIGRETTES (suite)	Portion (mL)	Gras (g)
Vinaigrettes réduites en calories		
KRAFT		
Italienne maison	15	2,3
Type française	15	1,4
Catalina	15	0,4
Italienne	15	0,4
Type chef	15	0,6
Crémeuse aux champignons	15	2,3
Mille-Îles	15	2
Ranch au poivre	15	2,4
WEIGHT WATCHERS		
Mille-Îles	15	0,6
Française	15	0,9
César	15	0,3
Crémeuse — salade de chou	15	0,3
Type crème rancho	15	0,4
Crémeuse au concombre	15	0,4
Italienne	15	0,3
NEWMAN'S OWN (aucun additif)		
Italienne légère	15	4
Vinaigrettes libres (sans gras)		
KRAFT		
Libre type française	15	0
Libre ranch	15	0
Libre Mille-Îles	15	0
CHELTON HOUSE		
César	15	0
Italienne	15	0
Vinaigrettes biologiques		
AYLA'S ORGANICS		
Italienne	15	traces
Épicée d'Indonésie	15	1,3
Française	15	0
Russe	15	0
Dill crémeuse	15	traces

MAYONNAISES, TARTINADES	Portion (mL)	Gras (g)
Vraie mayonnaise		
KRAFT	15	11,5
HELLMANN'S	15	10,2
Sauce type mayonnaise — légère		
KRAFT	15	4,6
HELLMANN'S	15	5,1
HELLMANN'S sans cholestérol	15	4,7
Sauce à salade		
KRAFT Miracle Whip	15	6,9
KRAFT Miracle Whip sans cholestérol	15	3,8
Weight Watchers	15	1,8
Mayonnaise à base de tofu		
NASOYA		
Ail et sésame	15	3
Italienne	15	3
Jardinière	15	3
NAYONAISE	15	3
Mayonnaise avec jus de fruits concentrés		
MAYOLINE — nature	15	7,7
Vinaigrette fouettée		
HELLMANN'S	15	7,2
Tartinade pour sandwich		
KRAFT	15	3,9
Sauce tartare		
KRAFT	15	7,8
Sauce burger		
KRAFT	15	7,1

MARGARINES ET GRAISSE	Portion (mL)	Gras (g)
Margarines régulières **(salées, non salées, demi-salées)**		
Becel	10	8
Fleischmann's	10	8
Lactantia	10	8
Parkey	10	8
Thibault sans cholestérol	10	8
Mirage-Mirador	10	8
Monarch	10	8
Blue Bonnet	10	8
Impérial	10	8
Margarines légères		
Becel	10	3,9
Lactantia	10	3,9
Country Crock	10	3,8
Thibault	10	4
Autre produit gras		
Crisco	10	8

YOGOURTS	Portion (g)	Gras (g)
Yogourts nature		
Liberté Méditerranée 10 %	125	12,5
Astro genre Balkan 5,9 %	125	7,4
Delisle — ferme 3,9 %	125	4,8
Astro 3,2 %	125	4,0
Delisle brassé 2,2 %	125	2,8
Liberté 2 %	125	2,5
Astro 2 %	125	2,4
Yoplait brassé 1,9 %	125	2,4
Astro 1 %	125	1,3
Sealtest 0,9 %	125	1,1
Liberté svelte 0,1 %	125	0,1
Silhouette léger 0,1 %	125	0,1
Yoplait léger brassé 0,1 %	125	0,1
Astro sans cholestérol 0,1 % et sans matières grasses	125	0,1
Yogourts aux fruits ou aromatisés		
Liberté Méditerranée 8 %	125	10
Astro genre Balkan 4,5 %	125	5,6
Delisle ferme — fruits 3,1 %	125	4
Delisle ferme vanille 2,8 %	125	3,5
Delisle brassé 1,7 %	125	2,1
Yoplait brassé 1,5 %	125	1,9
Delisle léger 1 %	125	1,2
Sealtest 0,9 %	125	1,1
Liberté svelte 0,1 %	125	0,2
Silhouette 0,1 %	125	0,1
Damafro 0,1 %	125	0,1

LAIT	Portion (mL)	Gras (g)
Lait de soya		
Soyolait	100	2
Horium	100	2,5

DESSERTS SURGELÉS	Portion (mL)	Gras (g)
QUÉBON		
Crème glacée		
vanille	100	5,6
érable et noix	100	7,6
LAVAL		
Crème glacée		
croquant de sucre d'érable	100	4,9
PARLOUR 1 % «marbrée»	100	0,7
SEALTEST		
Sorbet		
arc-en-ciel	100	0,8
orange	100	0,9
Yogourt congelé fouetté (2,7 % m.g.)		
J. HIGBY'S		
Yogourt glacé		
délices aux fraises	100	2,7
vanille royale	100	2,9
tonnerre au chocolat	100	3
TOFUTTI		
Dessert gelé sans lait		
vanille	100	9,2
meilleure pacane	100	14,4
spéciale fraise-légère	100	0,5
moka suisse-légère	100	0,5
Sandwich surgelé		
vanille	45 g	4,9
chocolat	45 g	5
WEIGHT WATCHERS		
Crème glacée		
délice aux fraises	100	0,3
moka	100	0,3
Barre gelée		
fraise	100	0,2
vanille	100	0,2
fondant chocolat	100	0,7

DESSERTS SURGELÉS (suite)	Portion (mL)	Gras (g)
RICE DREAM		
Dessert riz brun (type crème glacée)		
vanille et amandes	100	4,8
citron	100	4
baies sauvages	100	4
ICE BEAN		
Glace à base de soja		
chocolat et menthe	100	8
FUDGSICLE		
Barre gelée, légère	100	1,7

MÉLANGES À GÂTEAUX	Portion[1] (g)	Gras (g)
DUNCAN HINES		
doré		
mélange	43	3,5
recette originale	78	11
recette légère	73	5,8
choco-régal Delux		
mélange	43	4,5
recette originale	78	12
recette légère	74	5,7
citronnette (1 étage)		
mélange	31	2,5
muffin snacks		
mélange	38	7,6

1. Équivaut à une portion telle qu'elle est décrite sur l'étiquette.

BARRE GRANOLA	Portion (g)	Gras (g)
QUAKER		
brisures à saveur de		
beurre d'arachide (1)	28	4,7
dipps fondant au		
beurre arachide (1)	33	10
érable et noix (1)	28	5
barre aux fruits (1)	28	3,5
NEILSON		
sarrasin et miel (1)	21	4,3
noix et beurre (1)	21	5,1
Jersey milk,		
arachides et miel (1)	28	7,7

PÂTES ALIMENTAIRES	Portion sèche (g)	Gras (g)
CATELLI		
fettuccine	85	1,3
macaroni	85	1
lasagne blé entier	85	1,6

CROÛTE À TARTES	Portion (g)	Gras (g)
GAINSBOROUGH 1/8	18	5

CROUSTILLES ET GRIGNOTINES	Portion (g)	Gras (g)
	40	16,0

TARTINADES — BEURRE D'ARACHIDE	Portion (g)	Gras (g)
NATURE	30	14,1
SQUIRREL	30	15
CHEEZ WHIZ KRAFT	30	7,2
COUNTRY CROCK		
cheddar	30	4,2
garden and vegetable	30	6,3
herbs and garlic	30	6,3
french onion	30	6,3

BOISSONS	Portion (g)	Gras (g)
OVALTINE		
naturel	19	0,6
chocolat	19	1,7

TOFU ET PRODUITS ALTERNATIFS	Portion (g)	Gras (g)
HORIUM nature	90	6
BIO-TOFU nature	100	7,2
UNISOYA nature	100	7,2
Tofu fondu (style fromage ferme) TOFURELLA		
saveur cheddar léger	30	0,1
saveur mozzarella léger	30	0,1
saveur Monterey Jack	30	5
ail et fines herbes	30	5
Jalapano Jack	30	5
SOYCO		
tranche à l'américaine	21	4
tranche à la suisse	21	4
Saucisse au tofu (hot dog) YVES FINE FOODS		
saucisses veggies	46	4,9
saucisses au chili	46	3,5
ELPERRO		
saucisses veggies	42	4,3
Blé fumé *(smoke wheat)* YVES FINE FOODS	100	1,1
Escalopes de tofu jardinière (type hamburger)	85	1,4
YVES FINE FOODS		
nature	85	2,6
champignons et gratin	85	5,3
Végé-tourtière FONTAINE SANTÉ	100	8,6
Gâteau au fromage de soya SOYCO	85	100

BISCUITS	Portion (biscuit)	(g)	Gras (g)
DARE			
Crème française	2 ou 3	40	2,5
Crème de noix de coco	2	40	10,1
Chocolate Chip	6	40	9
Digestifs	4	40	6,7
Crème au citron	2	40	8,6
Noix de coco	5 ou 6	40	7,5
Croquignole à la cannelle	4	40	7,2
Farine d'avoine	5 à 7	40	6,1
McCORMICKS			
Crème à la noix de coco	2	40	11,2
CHRISTIE			
Chips Ahoy	3	40	8,9
Oréo	3	40	8,6
Son d'avoine	4	40	7
Biscuit Graham	6	40	5
CULINAR FOODS			
Héro	3	40	8
MAXI-FRUITS			
Avoine et pêche	2	40	6,1
DAVID			
Petit beurre	8	40	5,5
P'tit gingembre	8	40	1,9
VIAU			
Petit beurre	8	40	4,4

CÉRÉALES FROIDES	Portion		Gras
	(mL)	(g)	(g)
POUR DÉJEUNER			
HARVEST CRUNCH			
recette originale	75	30	6,6
raisins secs et amandes	75	30	6,2
recette légère	75	30	2,8
QUAKER			
Son et avoine	175	30	1,7
ALPEN MÜESLI			
Alpen müesli	60	30	1,6
KELLOGG'S			
Müesli au son	90	30	1,4
Corn Flakes noix et miel	150	30	1,2
Bran Buds avec psyllium	75	30	0,8
All Bran	125	30	0,6
GENERAL MILLS			
Fibre 1	125	30	1,2
POST			
Fruit & Fibre	125	30	1,2
Grape Nuts	100	30	0,3
NABISCO			
Bran 100 %	125	30	0,5
Shreddies	160	30	0,2
LIFE STREAM			
8 grains et fibres	—	30	0,3

PAINS	Portion[2] (g)	Gras (g)
WEIGHT WATCHERS		
Pain blanc enrichi avec fibres soya	100	1,4
Pain de blé entier 60 % et fibres soya	100	1,4
WESTON		
Blanc, léger	100	1,4
POM		
Pain 100 % de blé entier	100	1,1

CRAQUELINS	Portion (biscuit)	(g)	Gras (g)
CHRISTIE			
Ritz	7	25	6,1
Premium Plus	8	25	2,9
(biscuit soda)			
Croc en blé	7	25	4,4
Fromage suisse	13	25	6,4
Triscuit	6	25	3,7
(50 % moins de sel)			
DARE			
Breton	6	25	5,6

2. 100 grammes équivalent à 3 tranches.

REPAS CONGELÉS	Portion 1 repas	Gras (g)
STOUFFER'S		
Cannelloni au fromage		12
Cannelloni bœuf et porc, sauce Mornay		8
Lasagne aux courgettes		7
Poulet à l'orange avec riz et légumes		4
SWANSON		
Poitrine de poulet parmesan, fettuccine Alfredo et légumes		23
Lasagne Romano, pain à l'ail		11
Poulet, sauce aigre-douce avec riz et légumes		2
McCAIN		
Bœuf continental, sauce au paprika, pommes de terre, légumes		15
Poulet à l'italienne avec linguini, légumes et sauce au beurre		4
HIGH LINER		
Crevettes style scampi, sauce au beurre à l'ail et riz		19
Thon teriyaki, riz, légumes et sauce		4
WEIGHT WATCHERS		
Bagels à saveur de pizza		10
Poulet créole avec riz et légumes		2

Bibliographie

CHAPITRE 1

Asciutti-Moura, L. S., et coll. «Fatty acid composition of serum lipids and its relation to diet in an elderly institutionalized population», *American Journal of Clinical Nutrition*, 1988, 48; 980-7.

Batres-Cerezo et coll. «Studies of women eating diets with different fatty acids composition. III. Fatty acids and prostaglandins synthesis by platelets and cultured human endothelial cells.», *Journal of the American College of Nutrition*, 1991, 10; 327-39.

Bourre, J.- M. *Les bonnes graisses*, Paris, Éditions Odile Jacob, 1990.

Crawford, M. A. et coll. «Essential fatty acids and the vulnerability of the artery during growth», *Postgraduate Medical Journal*, 1978, 54; 149-53.

Crawford, M. A. «The role of essential fatty acids in neural development: implications for perinatal nutrition», *American Journal of Clinical Nutrition*, 1993, 57 (suppl.) 703S-710S.

Cunnane, S. C. et coll. «Essential fatty acid and lipid profiles in plasma and erythrocytes in patients with multiple sclerosis», *American Journal of Clinical Nutrition*, 1989, 50; 801-6.

Dillon, J. C. «Essential fatty acid in metabolism in the elderly: effects of dietary manipulation», *Lipids in Modern Nutrition*, New York, Horisberger, M. et Bracco, U., Nestlé Nutrition, Vevey/Raven Press, 1987.

Emken, E. A. «Nutrition and biochemistry of trans and positional fatty acid isomers in hydrogenated oils», *American Review of Nutrition*, 1984, 4; 339-76.

Grant, H. W. «Duodenal ulcer is associated with low dietary linoleic acid intake», *Gut*, 1990, 31; 997-8.

Hennig, B. et B. A. Walkins. «Linoleic acid and linolenic acid: effect on permeability properties of culture endothelials cells monolayers», *American Journal of Clinical Nutrition*, 1989, 49; 301-15.

Holman, R. T. et coll. «Deficiency of essential fatty acids and membrane fluidity during pregnancy and lactation», *Proceedings of the National Academy of Sciences*, 1991, 88; 4835-4839.
Holman, R. T., et S. B. Johnson. «Essential fatty acid deficiencies in man», *Dietary Fats and Health*, Perkins, E. G. et Visek, W. J., Urbana, 1983, chap. 14; 247-66.

Neilsen, G. L. et coll. «The effects of dietary supplementation with rheumatoid arthritis: a randomized, double-blind trial», *European Journal of Clinical Investigation*, 1992, 22; 687-91.

Nettleton, J. A. «Are n-3 fatty acids essential nutrients for fetal and infant development?», *Journal of American Dietetic Association*, 1993, 93; 58-64.

Ricardo D. et coll. «Effect of dietary omega-3 fatty acids on retinal function of very-low-birth-weight neonates», *Pediatric Research*, 1990, 28; 485-92.

Sinclair H. M. (lettre) *Lancet*, 1956, 381-383.

Sinclair A. et R. Gibson *Essential Fatty Acids and Eicosanoids*, Champaign, Illinois, American Oil Chemist's Society, 1992.

Swank, R. H. et Grimsgaard. «Multiple sclerosis: the lipid relationship», *American Journal of Clinical Nutrition*, 1988, 48; 1387-93.

Ziboh, V. A. «Implications of dietary oils and polyunsaturated fatty acids in the management of cutaneous disorders», *Archives of Dermatology*, 1989, 125; 241-5.

CHAPITRE 2

Gras et maladies cardiovasculaires

Blankenhorn, D. H. et coll. «The influence of diet on the appearance of new lesions in human coronary arteries», *Journal of American Medical Association*, 1990, 263; 1646-52.

Blankenhorn, D. H. et coll. «Dietary fat influences human coronary lesion formation», *Circulation*, 1988, 76 (suppl.- II); 11.

Grundy, S. M. et G. V. Vega. «Plasma cholesterol responsiveness to saturated fatty acids», *American Journal of Clinical Nutrition*, 1988, 47; 822-4.

Hudgins, L. C. et coll. «Correlation of isomeric fatty acids in human adipose tissue with clinical risk factors for cardiovascular disease», *American Journal of Clinical Nutrition*, 1991, 53; 474-82.

Kestin, M., I. L. Rouse, R. A. Correll et P. Nestel, «Cardiovascular disease risk factors in free-living men: Comparison of two prudent diets, one based on lactoovovegetarianism and the other allowing lean meat», *American Journal of Clinical Nutrition*, 1989, 50; 280-7.

Kinsella, J. et coll. «Dietary n-3 polyunsaturated fatty acids and amelioration of cardiovascular disease: possible mechanisms», *American Journal of Clinical Nutrition*, 1990, 52; 1-28.

Ornish, D. *Dr Dean Ornish's program for reversing heart disease*, New York, Random House, 1990.

Ramsay, L. E. et coll. «Dietary reduction of serum cholesterol concentration: Time to think again», *British Medical Journal*, 1991, 303; 953-7.

Santé et Bien-Être social Canada. *Promotion de la santé cardiovasculaire au Canada: Pleins feux sur le cholestérol*, rapport du Groupe de travail sur la prévention et le contrôle des maladies cardiovasculaires, Ottawa, 1991.

Troisi, R. et coll. «Trans-fatty acid intake in relation to serum lipid concentrations in adult men», *American Journal of Clinical Nutrition*, 1992, 56; 1019-24.

Wenxun, F. et coll. «Erythrocyte fatty acids, plasma lipids, and cardiovascular disease in rural China», *American Journal of Clinical Nutrition*, 1990, 52; 1027-36.

Willett, W. C. et coll. «Intake of trans-fatty acids and risk of coronary heart disease among women», *Lancet*, 1993, 341; 581-85.

Zsigmond, E. et coll. «Changes in dietary lipid saturation modify fatty acid composition and high-density-lipoprotein binding of adipocyte plasma membrane», *American Journal of Clinical Nutrition*, 1990, 52; 1109.

Gras et cancer

Allinger, U. G. et coll. «Shift from a mixed to a lactovegetarian diet: influence on acidic lipids in fecal water. A potential risk factor for colon cancer», *American Journal of Clinical Nutrition*, 1989, 50; 992-6.

Benito, E. O et coll. «A population-based case-control study of colorectal cancer in Majorca. 1. Dietary factors», *International Journal of Cancer*, 1990, 45; 69-76.

Bennett, B. C. et D. Ingram. «Diet and female sex hormone concentrations: an intervention study for the type of fat consumed», *American Journal of Clinical Nutrition*, 1990, 52; 808-12.

Boyar, A. P. et coll. «Recommendations for the prevention of chronic disease: the application for breast disease», *American Journal of Clinical Nutrition*, 1988, 48; 896-900.

Bravo, M. G. et coll. «Effects of an eicosapentaenoic and docosahexaenoic acid concentrate on a human lung carcinoma grown in nude mice», *Lipids*, 1991, 26; 866-870.

Burkitt, D. «An approach to the reduction of the most western cancers: The failure of therapy to reduce disease», *Archives in Surgery*, 1991, 126; 345-7.

Carroll, K. K. «Dietary fats and cancer», *American Journal of Clinical Nutrition*, 1991, 53; 1064S-7S.

Ewertz, M. et C. Gill. «Dietary factors and breast-cancer risk in Denmark», *International Journal of Cancer*, 1990, 46; 779-84.

Freudenheim, J. et coll. «A case-control study of diet and rectal cancer in western New York», *American Journal of Epidemiology*, 1990, 131; 612-24.

Howe, G. R. et coll. «A cohort study of fat intake and risk of breast cancer», *Journal of National Cancer Institute*, 1991, 83; 336-40.

Knekt, P. et coll. «Dietary fat and risk of breast cancer», *American Journal of Clinical Nutrition*, 1990, 52; 903-8.

Ingram, D. M. et coll. «Prolactin and breast cancer risk», *Medical Journal of Australia*, 1990, 153; 469-73.

Ingram, D. M. et coll. «The role of diet in the development of breast cancer, benign hyperplasia and fibrocystic disease of the breast», *British Journal of Cancer*, 1991, 64; 187-91.

Riboli, E. et coll. «Diet and bladder cancer in Spain: A multi-centre case-control study», *International Journal of Cancer*, 1991, 49; 214-9.

Slattery, M. L. et coll. «Food-consumption trends between adolescent and adult years and subsequent risk for prostate cancer», *American Journal of Clinical Nutrition*, 1990, 52; 752-7.

Shun-Zang, Y. et coll. «A Case-control study of dietary and nondietary risk factors for breast cancer in Shanghai», *Cancer Research*, 1990, 50; 5017-21.

Visek, W. J. *Dietary fat and cancer*, présentation lors du XXIIIe Congrès international de l'industrie laitière tenu à Montréal, 1990.

Willett, W. C. et coll. «Relation of meat, fat, and fiber intake to the risk of colon cancer in a prospective study among women», *New England Journal of Medicine*, 1990, 323; 1664-72.

Woods, M. N. et coll. «Low-fat, high fiber and serum estrone sulfate in premenopausal women», *American Journal of Clinical Nutrition*, 1989, 49; 1179-83.

Gras et immunité

Chandra, R. K. «1990 Mc Collum Award Lecture. Nutrition and immunity: lessons from the past and new insights into the future», *American Journal of Clinical Nutrition*, 1991, 53; 1087-1101.

Cunnane, S. C. et coll. «Essential fatty acid and lipid profiles in plasma and erythrocytes in patients with multiple sclerosis», *American Journal of Clinical Nutrition*, 1989, 50; 801-6.

Darsham, S. K. et coll. «Dietary, alpha-linolenic acid and immunocompetence in humans», *American Journal of Clinical Nutrition*, 1991, 53; 40-6.

Kjeldsen-Kragh, J. et coll. «Controlled trial of fasting and one-year vegetarian diet in rheumatoid arthritis», *Lancet*, 1991, 338; 899-902.
Levander, O. A. et coll. «Menhaden-fish oil in a vitamin E-deficient diet; protection against chloroquine-resistant malaria in mice», *American Journal of Clinical Nutrition*, 1989, 50; 1237-9.

Packer, L. «Protective role of vitamin E in biological systems», *American Journal of Clinical Nutrition*, 1991, 53; 1050S-5S.

Phinney, S. D. et coll. «Reduced arachidonate in serum phospholipids and cholesteryl esters associated with vegetarian diets in human», *American Journal of Clinical Nutrition*, 1990, 51; 395-92.

Recht, L. et coll. «Hand handicap and rheumatoid arthritis in a fish-eating society (The Faroe Islands)», *Journal of International Medicine*, 1990, 227; 49-55.

Salomon, P. et coll. «Treatment of ulcerative colitis with fish oil n-3-w-fatty acid: An open trial», *Journal of Clinical Gastroenterology*, 1990, 12; 157-61.

Kojima, T. et coll. «Long-term administration of highly purified eicosapentaenoic acid provides improvement of psoriasis», *Dermatologica*, 1991, 182; 225-30.

Walton, A. J. et coll. «Dietary fish oil and the severity of symptoms in patients with systemic lupus erythematosus», *Annals Rheumatic Diseases*, 1991, 50; 463-66.

Gras et poids

Dulloo, A. et L. Girardier. «Adaptive changes in energy expenditure during refeeding following low-calorie intake: evidence for a specific metabolic component favoring fat storage», *American Journal of Clinical Nutrition*, 1990, 52; 415-20.

Dreon, D. et coll. «Dietary fat; carbohydrate ratio and obesity in middle-aged men», *American Journal of Clinical Nutrition*, 1988, 47; 995-1000.

Hill, J. et coll. «Nutrient balances in humans: effects of diet composition», *American Journal of Clinical Nutrition*, 1992, 54; 10-7.

Mc Kinney, S. et M. S. Buccacio. «Influence of dietary intake on body mass index and body fat of physically active middle-aged males», *Journal of American Dietetic Association* (suppl.), 1991, 91; A-100.

Miller, W. C. et coll. «Diet composition, energy intake, and exercise in relation to body fat in men and women», *American Journal of Clinical Nutrition*, 1990, 52; 426-30.

Prewitt E. L. et coll. «Changes in body weight, body composition and energy intake in women fed high and low fat diets», *American Journal of Clinical Nutrition*, 1991, 54; 304-310.

Schutz, Y. et coll. «Failure of dietary fat intake to promote fat oxidation; a factor favoring the development of obesity», *American Journal of Clinical Nutrition*, 1989, 50; 307-14.

Sheppard L. et coll. «Weight loss in women participating in a randomized trial of low fat diets», *American Journal of Clinical Nutrition*, 1991, 54; 821-828.

Stunkard, A. J. et coll. «The body-mass index of twins who have been reared apart», *New England Journal of Medicine*, 1990, 322; 1483-87.

Swinburn B et E. Ravussin. «Energy balance or fat balance?», *American Journal of Clinical Nutrition*, 1993, 57 (suppl.); 766S-771S.

Tremblay, A. et coll. «Impact of dietary fat content and fat oxidation on energy intake in humans», *American Journal of Clinical Nutrition*, 1989, 49; 799-805.

Tremblay, A. et coll. «Nutritional determinants of the increase in energy intake associated with a high-fat diet», *American Journal of Clinical Nutrition*, 1991, 53; 1134-37.

Westerterp K. R. «Food quotient, respiratory quotient and energy balance», *American Journal of Clinical Nutrition*, 1993, 57 (suppl.); 759S-765S.

CHAPITRE 3

Association canadienne des diététistes. «Pour atteindre des niveaux souhaitables de cholestérol sanguin: une approche diététique», *Revue de l'association canadienne des diététistes*, 1988, 49; 270-83.

Baggio, B. et coll. «Olive-oil enriched diet: effect on serum lipoproteins levels and biliary cholesterol saturation», *American Journal of Clinical Nutrition*, 1988, 47; 960-4.

Barr, S. L. et coll. «Reducing total dietary fat without reducing saturated fatty acids does not significantly lower total plasma cholesterol concentrations in normal males», *American Journal of Clinical Nutrition*, 1992, 55; 675-81.

Barradas, M. A. et coll. «The effect of olive oil supplementation on human platelet function, serum cholesterol-related variables and plasma fibrinogen concentrations; a pilot study», *Nutrition Research*, 1990, 10; 403-11.

Blonk, M. C. et coll. «Dose-response effect of fish-oil supplementation in healthy volunteers», *American Journal of Clinical Nutrition*, 1990, 52; 120-7.

Bonaa, K. H. et coll. «Effect of eicosapentaenoic and docosahexeanoic acids on blood pressure in hypertension. A population-based intervention trial from the Tromsø Study», *New England Journal of Medicine*, 1990, 322; 795-801.

Bourre, J.-M.: *Les bonnes graisses*, Paris, Éditions Odile Jacob, 1990.

Brault Dubuc, M et L. Caron Lahaie. *Valeur nutritive des aliments*, Bibliothèque nationale du Québec, 1987.

Brown, A. J. et coll. «A mixed Austrialian fish diet and fish-oil supplementation: impact on the plasma lipid profile of healthy men», *American Journal of Clinical Nutrition*, 1990, 52; 825-33.

Chan, J. K. et coll. «Dietary alphalinolenic acid is as effective as oleic acid and linoleic acid in lowering blood cholesterol in normolipidemic men», *American Journal of Clinical Nutrition*, 1991, 53; 1230-4.

Childs, M. T. et coll. «Effects of shellfish consumption on lipoproteins in normolipidemic men», *American Journal of Clinical Nutrition*, 1990, 51; 1020-27.

Childs, M. T. et coll. «Divergent lipoprotein response to fish oils with various ratios of eicosapentaenoic acid and docosahexaenoic acid», *American Journal of Clinical Nutrition*, 1990, 52; 632-39.

Cobiac, L. et coll. «Lipid, lipoprotein, and hemostatic effects of fish vs fish oil n-3 fatty acids in mildly hyperlipidemic males», *American Journal of Clinical Nutrition*, 1991, 53; 1210-16.

Cohen, J. et coll. «Serum triglycerides response to fatty meals: effects on meal fat contain», *American Journal of Clinical Nutrition*, 1988, 47; 825-7.

Cominachi, L. et coll. «Long-term effect of a low-fat, high-carbohydrate diet on plasma lipids of patients affected by familial endogenous hypertriglyceridemy», *American Journal of Clinical Nutrition*, 1988, 48; 57-65.

Edington, J. et coll. «Serum lipid response to dietary cholesterol in subjects fed a low-fat, high-fiber diet», *American Journal of Clinical Nutrition*, 1989, 50; 58-62.

Ernst, N. D. et J. Cleeman. «Reducing high blood cholesterol levels: Recommandations from the National Cholesterol Education Program», *Journal of Nutrition Education*, 1988, 20; 23-9.

Flaten, H. et coll. «Fish-oil concentrate: Effects on variables related to cardiovascular disease», *American Journal of Clinical Nutrition*, 1990, 52; 300-6.

Fondation des maladies du cœur du Québec et Société québécoise de biochimie clinique, *Le cholestérol: pour des résultats valides et fiables*, Merck Frosst Canada Inc., 1992.

Fumeron, F. et coll. «Lowering of HDL2. Cholesterol and lipoprotein A-1 particle levels by increasing the ratio of polyunsaturated to saturated fatty acids» *American Journal of Clinical Nutrition*, 1991, 53; 655-9.

Fumeron, F. et coll. «n-3 Polyunsaturated fatty acids raise low-density lipoproteins, high-density lipoprotein 2, and plasminogen activator inhibitor in healthy young men», *American Journal of Clinical Nutrition*, 1991, 54; 118-22.

Green, P. et coll. «Effects of fish-oil ingestion on cardiovascular risk factors in hyperlipidemic subjects in Israel: a randomized, double-blind crossover study», *American Journal of Clinical Nutrition*, 1990, 52; 1118-24.

Grundy, S. M. «Trans monounsaturated fatty acids and serum cholesterol levels», (Editorial), *New England Journal of Medicine*, 1990, 323; 480-1.

Grundy, S. M. et coll. «Comparison of monounsaturated fatty acids and carbohydrates for reducing raised levels of plasma cholesterol in man», *American Journal of Clinical Nutrition*, 1988, 47; 965-9.

Grundy, S. M. et G. V. Vega. «Plasma cholesterol responsiveness to saturated fatty acids» *American Journal of Clinical Nutrition*, 1988, 47; 822-4.

Haglund, O. et coll. «Effects of a new fluid fish oil concentrate, Eskimo-3, on triglycerides, cholesterol, fibrinogen and blood pressure», *Journal of Internal Medicine*, 1990, 227; 347-53.

Harris, W. S. et coll. «Fish oils in hypertriglyceridemia: a dose-response study», *American Journal of Clinical Nutrition*, 1990, 51; 399-406.

Hayes, K. C. et coll. «Dietary saturated fatty acids (12:0, 14:0, 16:0) differ in their impact on plasma cholesterol and lipoproteins in nonhuman primates», *American Journal of Clinical Nutrition*, 1991, 53; 491-8.

Holub, B. J. «Cholesterol-free foods: Where's the *trans?*», *Canadian Medical Association Journal*, 144: 3, 1991.

Hudgins, L. C. et coll. «Correlation of isomeric fatty acids in human adipose tissue with clinical risk factors for cardiovascular disease», *American Journal of Clinical Nutrition*, 1991, 53; 474-82.

Human Nutrition Information Service. *Composition of Foods. Handbook no 8 series*, United States Department of Agriculture, 1976-86.

Kestin, M. et coll. «n-3 Fatty acids of marine origin lower systolic blood pressure and triglycerides but raise LDL cholesterol compared with n-3 and n-6 fatty acids from plants», *American Journal of Clinical Nutrition*, 1990, 51; 1028-34.

Margolin, G. et coll. «Blood pressure lowering in elderly subjects; a double-blind crossover study of omega-3 and omega-6 fatty acid», *American Journal of Clinical Nutrition*, 1991, 53; 562-72.

Mensink, R. P. et M. B. Katan. «Effect of dietary trans fatty acids on high-density and low-density lipoprotein cholesterol levels in healthy subjects», *New England Journal of Medicine*, 1990, 323; 439-45.

Miettinen, T. A. et Y. A. Kisänumi. «Cholesterol absorption: regulation of cholesterol synthesis and elimination within-populations variations of serum cholesterol levels», *American Journal of Clinical Nutrition*, 1989, 49; 629-35.

Rassias, G. et coll. «Linoleic acid lowers LDL cholesterol without a proportionate displacement of saturated fatty acids», *European Journal of Clinical Nutrition*, 1991, 45; 315-20.

Santé et Bien-Être social Canada, *Valeur nutritive de quelques aliments*, Ottawa, ministère des Approvisionnements et Services Canada, 1987.

Silverman, D. I. et coll. «Comparison of the absorption and effect on platelet function of a single dose of n-3 fatty acids given as fish or fish oil», *American Journal of Clinical Nutrition*, 1991, 53; 1165-70.

Troisi, R. et coll. «Trans-fatty acid intake in relation to serum lipid concentrations in adult men», *American Journal of Clinical Nutrition*, 1992, 56; 1019-24.

Van Houvelingen, R. et coll. «Dietary fish effects on serum lipids and apolipoproteins, a controlled study», *American Journal of Clinical Nutrition*, 1990, 51; 393-8.

Wardlaw, M. G. et J. T. Snook. «Effect of diet high in butter, corn oil, or high oleic-acid sunflower oil on serum lipids and lipoproteins in men», *American Journal of Clinical Nutrition*, 1990, 51; 815-21.

Wardlaw, M. G. et coll. «Serum lipid and lipoprotein concentrations in healthy men on diets enriched in either canola oil or safflower oil», *American Journal of Clinical Nutrition*, 1991, 54; 104-10.

Willett, W. C. et coll. «Intake of trans-fatty acids and risk of coronary heart disease among women», *Lancet*, 1993, 341; 581-85.

CHAPITRE 4

Beggs, L. et coll. «Tracking nutrition Trends: Canadians' attitudes, knowledge and behaviours regarding fat, fibre and cholesterol», *Journal of Canadian Dietetic Association*, 1993, 54; 21-28.

Brault Dubuc, M. et L. Caron Lahaie. *Valeur nutritive des aliments*, Bibliothèque nationale du Québec, 1987.

Eaton, S. B. et M. Konner. «Paleolithic Nutrition», *New England Journal of Medicine*, 1985, 312 (5); 283-289.

Colquhoun, D. M. «Comparison of the effects on lipoproteins and apolipoproteins of a diet high in monounsaturated fatty acids enriched with avocado and a high carbohydrate diet», *American Journal of Clinical Nutrition*, 1992, 56; 671-677.

Formo W. M. et coll. *Bailey's industrial oil and fat products*, 4e édition, Toronto, Daniel Swern, vol. 1, 1979 et vol. 2, 1982.

Frankel, E. N. et coll.«Inhibition of oxidation of human low-density lipoprotein by phenolic substances in red wine», *Lancet*, 1993, 341; 454-47.

Gagnon, G. et B. Shateinstein. *Consommation lipidique des résidents du Montréal métropolitain*, Département de santé communautaire, Hôpital général de Montréal, 1989.

Gronn, M. et coll. «Dietary n-6 fatty acids inhibit the incorporation of dietary n-3 fatty acids in thrombocyte and serum phospholipids in humans: a controlled dietetic study», *Scandinavia Journal of Clinical Laboratory Investigation*, 1991, 51; 255-263.

Human Nutrition Information Service, *Composition of Foods - Handbook no 8 series*, United States Department of Agriculture, 1976-86.

Hunter, J. E. «N-3 fatty acids from vegetable oils», *American Journal of Clinical Nutrition*, 1990, 51; 809-14.

Jacotot, B. *L'huile d'olive de la gastronomie à la santé*, Paris, Éditions Artulen 1993.

Junshi, C., C. T. Campbell et coll. *Diet, Life-style and Mortality in China.* Oxford University Press, Cornell University Press People's Medical Publishing House, 1990.

Kubow S. «Routes of formation and toxic consequences of lipid oxidation products in foods»,» *Free Radical Biology and Medicine,* 1992, 12: 63-81.

Mata, P. et coll. «Effect of dietary monounsaturated fatty acids on plasma lipoproteins and apolipoproteins in women», *American Journal of Clinical Nutrition,* 1992, 56; 77-83.

McDonald, B. *Graisses alimentaires. Nuancer le message,* Institut national de nutrition, étude n° 20, hiver 1993.

McCance and Widdowson's. *The composition of foods. First supplement on amino acid composition and fatty acid composition,* England Royal Society of Chemistry, 1980.

Ornish, D. *Dr Dean Ornish's program for reversing heart disease,* New York Random House, 1990.

Renaud, S. C. et coll. «Wine, alcohol, platelets and the french paradox for coronary heart disease», *Lancet,* 1992, 339; 1523-1526.

Renaud, S. C. et coll. «Alcohol and platelet aggregation: the caerphilly prospective heart disease study», *American Journal of Clinical Nutrition,* 1992, 55; 1012-7.

Santé et Bien-Être social Canada. *Recommandations sur la nutrition: Rapport du Comité de révision scientifique,* Ottawa, ministère des Approvisionnements et Services Canada, 1990.

Santé et Bien-Être social Canada *Valeur nutritive de quelques aliments,* Ottawa, ministère des Approvisionnements et Services Canada, 1987.

Santé Québec. «Enquête québécoise sur la nutrition, 1990. Résultats préliminaires de l'enquête», Avril 1993.

Slattery, M. L. et D. E Randall. «Trends in coronary heart disease mortality and food consumption in the United States between 1909 and 1980», *American Journal of Clinical Nutrition,* 1988, 47; 1060-7.

Spiller G. A. et coll. «Effect of a diet high in monounsaturated fat from almonds on plasma cholesterol and lipoproteins», *Journal of the American College of Nutrition*, 1992, 11; 126-130.

Stephen, A. M. et N. J. Wald. «Trends in individual consumption of dietary fat in the United States 1920-1984», *American Journal of Clinical Nutrition*, 1990; 52: 457-69.

CHAPITRE 5

Association canadienne du diabète. *Food choices in the market place*, Association canadienne du diabète, 1987.

Brault Dubuc, M. et L. Caron Lahaie. *Valeur nutritive des aliments*, Bibliothèque nationale du Québec, 1987.

Consommateurs et Sociétés Canada. *Guide des fabricants et annonceurs - Aliments*, Ottawa, Consommation et Corporation Canada, 1988.

Consommation et Affaires commerciales Canada. *Manuel sur l'étiquetage nutritionnel*, Ottawa, Division des aliments. Direction des produits de consommation, novembre 1992.

Institut national de la nutrition. *Consumer use and understanding of nutrition information on foods labels*, Institut National de la Nutrition, 1992.

Kraft General Foods. *L'analyse nutritionnelle des produits d'épicerie*, Kraft General Foods.

CHAPITRE 6

Becker, M. et coll. «Long-term treatment of severe familial hypercholesterolemia in children: Effect of sitosterol and bezafibrate», *Pediatrics*, 1992, 89; 138-142.

Beveridge, J. M. R. et coll. «Magnitude of the hypocholesterolemic effect of dietary sitosterol in man», *Journal of Nutrition*, 1964, 83; 119-122.

Booyens J. et coll. «Margarines and coronary heart disease», *Medical Hypotheses*, 1992, 37; 241-244.

Drieu, F. *Études comparatives sur les huiles de tournesol*, compte-rendu des analyses effectuées au Laboratoire de la Direction Générale de la Concurrence, de la Consommation et de la Répression des fraudes à Montpellier, Bulletin de l'AMKI, 1991, 1; 16-19.

Heinemann, G. A. et coll. «Mechanisms of action of plant sterols on inhibition of cholesterol absorption», *European Journal of Pharmacology*, 1991, 40 (suppl.); S59-S63.

Lees, A. M. et coll. «Plant sterols as cholesterol-lowering agents: clinical trials in patients with hypercholesterolemia and studies of sterol balance», *Artherosclerosis*, 1977, 28; 325-338.

CHAPITRE 7

Drieu-Gervois, F. *Contrôle des huiles d'onagre*, compte-rendu des analyses effectuées au Laboratoire de la Direction Générale de la Concurrence, de la Consommation et de la Répression des fraudes à Montpellier, Bulletin de l'AMKI, 1992, 3; 9-21.

Gunstone F. D. «Gamma-linolenic acid occurrence and physical and chemical properties», *Progress in Lipid Research*, 1992, 31;141-56.

Horrobin, D. F. «Nutritional ans medical importance of gamma-linolenic acid», *Progress and Lipid Research*, 1992, 31; 163-94.

Horrobin, D. F. «Fatty acid metabolism in health and disease: the role of delta 6 desaturase», *American Journal of Clinical Nutrition*, 1993, 57 (suppl.); 732S-737S.

Kinsella, J. E. *Seafoods and fish oils in human health and disease*, New York, Marcel Dekker inc., 1987.

Stenson W. F et coll. «Dietary supplementation with fish oil in ulcerative colitis», *Annals of Internal Medicine*, 1992, 116; 609-14.

Vanderveen J. E. et W. H. Glinsmann. «Fat substitutes: a regulatory perspective», *Annual Review of Nutrition*, 1992, 12; 473-487.

Vilaseca, J. et coll. «Dietary fish oil reduces progression of chronic inflammatory lesions in rat model of granulomatous colitis», *Gut*, 1990, 31; 539-44.

INDEX

Liste des tableaux

Table des matières